우승섭골프특강

원리와 요령

▲거위털을 소나 말가죽으로 싸서
봉합한 페더볼(feather ball)

▲초기의 手製 골프채로 우드는
히코리 샤프트, 아이언은
클라크, 니블리크, 매시로 분류되었다

▲오버래핑 그립의 발명자
Harry Bardon (1870~1937)의
그립 모형

▲바람이 없을 때는 피칭웨지, 태평양의 강풍이 불 때는
드라이버까지 잡아야 한다는 페블 비치의 7번홀 파3
(100야드)

◀미국 서해안을 대표하는
골프 휴양지의 메카로 알려진
샌프란시스코 남쪽 몬터레이
반도에 위치한 3대 명문 코스의
하나 (사이프레스 포인트)

▲영국의 링크스 코스. 깊은 러프가 플레이어를 괴롭힌다

추천의 말

가장 한국적인 골프 이론서

우승섭씨의 「골프특강」이 스포츠서울에 연재되기 시작하자 많은 골퍼들이 신문사에 문의를 해 왔다. 주문도 갖가지여서, "그 난을 더 크게 할 수 없느냐" "그림을 컬러로 그려 줄 수 없느냐" "어떻게 하면 우승섭씨를 만날 수 있느냐" "우승섭씨를 개인적으로 초청하고 싶은데 방법이 없느냐" 대체로 이런 질문들이었다.

독자들이 왜 이렇게 관심을 보이는 것일까? 그 매력이 어디에 있는가를 여러 독자들을 통해 조사해 보았다.

결론은 우승섭씨의 「골프특강」은 가장 한국적인 골프 가이드라는 데 있었다.

골프가 원래 서양에서 발생하여 거기서 발전되어온 스포츠이기 때문에, 이론도 자연히 서양 사람들의 체격이나 사고방식에 맞게 되어 있다.

그러나 두뇌로 골프를 치는 우승섭씨는 한국인의 체격과 한국인의 사고방식, 한국의 지형에 알맞는 골프 가이드를 한다.

이것이 우리나라 골퍼들에게 가슴에 와 닿는 것이 있었다.

나는 이러한 독자의 반응을 지켜보면서, 우리 독자들을 위해 영구 보존판의 가이드북을 만들어야 한다는 생각이 들었다.

그래서 우승섭씨에게 출판을 하도록 권유했다.

우승섭씨는 24년의 캐리어에 공식 핸디캡은 3이고, 베스트 스코어는 4 언더파이다.

69년 관악 컨트리클럽 챔피언십을 찾이한 이래, 70년 한양 컨트리클럽, 71, 75, 78년 안양 컨트리클럽 챔피언을 지냈다.

또한 일본 NHK가 펴낸 「베스트골프」를 번역해 우리나라에 소개하기도 했다.

우승섭씨는 명실공히 우리나라 정통 아마추어 골퍼의 정상이고 뛰어난 이론가이다.

그는 뛰어난 달변가이고 명문장을 구사하지만 한번도 자기 자랑을 하지 않는 겸손한 사람이다.

"나는 영원히 미완성의 골퍼이고 싶다"고 말하는 그의 골프 세계로, 골퍼 여러분을 안내하고 싶다.

이 상 우

우승섭골프특강   차 례

어드레스

Address

거울을 보며 자세를 바로 잡자

골프는 공을 보다 멀리, 보다 정확하게 칠 수 있어야 한다. 그래서 골프의 기본은 스윙이고 스윙의 원천은 어드레스에 있다고 한다. 어드레스가 좋으면 스윙도 좋아진다.

그러나 일반 아마추어 골퍼는 대체로 어드레스가 잘못되어 있다. 지금까지의 잘못된 자세를 바른 자세로 바꾸기 위해서는 많은 노력과 많은 시간이 필요하다. 특히 아마추어는 이 어드레스 자세를 바로잡는 노력을 결코 소홀히 해서는 안 된다. 이를 위한 가장 이상적인 연습 방법은 자기와 키나 몸집이 비슷한 프로의 사진을 큰 거울에 붙여 놓는다. 그리고 그 프로가 사진에서 사용하고 있는 것과 같은 클럽을 잡고 본래의 어드레스 자세를 잡는다. 그 다음 거울 속에 비친 자기 모습과 프로의 사진을 비교해 보라(이때 영상은 반대가 된다).

이때 모습뿐만 아니라 마음가짐까지도 프로처럼 되야겠다는 강한 의지를 가져야 한다. 이렇게 흉내내기를 되풀이하면서 사진과 비교한다. 자세가 프로와 같아질 때까지는 여러 가지 틀리는 데가 있을 것이다. 그러나 결코 포기하지 말고 한번에 한 가지씩만 고쳐 나가도록 노력한다. 그러면 언젠가는 거울에 붙인 사진의 주인공처럼 될 것이다.

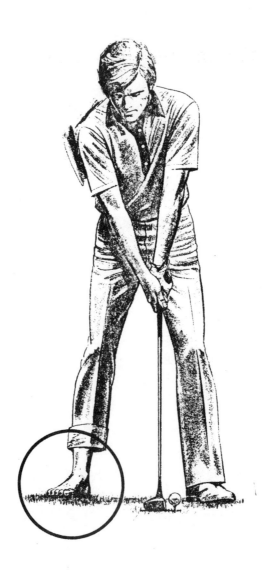

체중 이동 바로 하려면 신발을 벗어라

아무리 좋은 스윙을 할 수 있다 해도 체중 이동을 바로 하지 못하면 소용이 없다.

백스윙 때에는 왼쪽에서 오른쪽으로, 다운스윙에서는 오른쪽에서 왼쪽으로 체중 이동이 되는 것이 가장 바람직하다. 그런데 테이크백(take-back) 때 체중이 왼쪽에 남아 있게 되면 체중 이동의 반대 현상이 일어난다. 다시 말해서 다운스윙 때 체중이 오른쪽으로 쏠리게 되어 임팩트(impact)가 약해지고 결과적으로 거리는 짧아지고 방향은 부정확해진다.

공을 좀더 적극적으로 힘있게 치기 위해서는 다운스윙 때 체중이 오른쪽에서 왼쪽으로, 즉 공격 방향으로 옮겨가지 않으면 안 된다. 이 동작을 무리하지 않고 원활하게 하기 위해서는 처음부터 체중을 약간 오른쪽에 놓는 것이 가장 좋은 방법이다.

체중 이동의 올바른 감각을 찾지 못해 고심하고 있는 골퍼에게는 연습할 때 오른쪽 신발을 벗고 연습하는 것도 하나의 좋은 방법이 된다. 이렇게 해서 왼쪽이 높아지면 체중이 오른쪽으로 쏠리는 감각을 강하게 느낄 수가 있을 것이다.

정확한 체중 이동이 정확한 타구의 기본 요소라는 것을 굳게 믿고 누구나 한번쯤은 시도해 볼 만한 방법이다.

스윙 전에 클럽헤드의 무게를 느껴라

클럽의 무게를 달아본 일이 있느냐고 묻는다면 아마 깜짝 놀랄 것이다. 이것은 몇 그램이냐고 묻는 실제의 무게를 말하는 것이 아니다. 두 손으로 클럽을 잡고 상하 좌우로 흔들어본 일이 있는가를 물어보는 말이다.

훌륭한 플레이어는 항상 그렇게 하고 있음이 틀림없을 것이다. 그들은, 특히 프로들은 어드레스를 하고 난 후에 반드시 클럽헤드에 무게가 실려 있는가를 확인하기 위해서 클럽을 천천히 흔들어본다. 즉 왜글(waggle)을 해 본다. 이 왜글은 단조롭고 무의식적으로 보이는 단순한 동작인 것 같지만 양 팔의 긴장을 풀고 부드럽고 자신 있는 스윙을 할 수 있도록 몸을 가다듬어 주는 역할을 한다.

흔히들 '양팔의 힘을 빼라'는 말을 많이 듣지만 그것은 '긴장을 풀어라'는 말로 받아들여야 타당할 것이다. 어떻게 양 팔의 힘을 몽땅 빼고 무기력한 상태에서 힘 있는 스윙을 기대할 수 있단 말인가.

팔의 무게는 한쪽만도 3~5kg이나 된다. 그런데 스윙할 때에는 양 팔이 코끼리 몸통만큼이나 무겁게 느껴지는 편이 좋고 그래야만 다이내믹한 스윙을 기대할 수가 있다.

턱을 오므리지 말고 약간 들어라

며느리가 부엌에서 도마질을 하다 손을 베었다고 한다. 이때 시아버지 하시는 말씀이 "아가야, 헤드업하지 마라."

이 시아버지 어지간히 골프를 좋아했는가 보다. 골프를 배우면서 처음으로 들어보는 낱말 하나가 헤드업(head-up)이라는 말이다. 스윙하는 동안에 절대로 머리를 들지 말라는 뜻이다.

골프에서 헤드업은 핸디캡의 수와 정비례한다고도 한다. 즉 1라운드의 플레이 중에 핸디캡 30인 사람은 헤드업을 30번, 핸디캡이 5인 사람은 헤드업을 5번 한다는 것이다.

이처럼 헤드업을 해서는 안 되는 것이기는 하나 안 하기도 쉽지 않은 것이 골프다. 머리를 들거나 움직이면 회전축이 흔들려서 바른 스윙을 하지 못하기 때문이다. 그러나 보편적으로 머리를 들지 않으려고 가슴 깊이 턱을 파묻기 때문에 상체에 힘이 들어가서 어깨가 충분히 돌아가지 않게 된다.

이런 골퍼들은 스윙하는 동안 서부 영화에서 볼 수 있는 교수대에 늘어진 밧줄에 목이 걸려 있다고 상상해 보라. 그러면 어드레스 때 자연히 턱은 오므라지지 않게 되고 두 어깨가 충분히 돌아가면서 부드럽게 스윙을 할 수 있을 것이다. 밧줄에 머리를 박아서는 안 되겠지만 턱을 오므리지 말고 약간은 들어올리는 기분을 갖게 되면 스윙도 커지게 될 것이고 자신 있는 샷을 할 수 있을 것이다.

공 뒤에 왼쪽 눈의 촛점을 맞춰라

골퍼라면 누구나 공을 맞힐 수가 있다.

그러나 정확하고 멀리 때려야 하는 데 우리들의 고민이 따른다. 힘 있게 공을 치기 위해서는 클럽헤드가 공에 맞는 순간(임팩트) 한 곳에 힘이 모아져야 한다. 물론 골퍼에게는 누구에게나 결점은 있다. 그렇지만 보통 수준의 골퍼에게 공통되는 결점은 다운스윙 때 좌반신을 공 뒤에서 오래 머물게 할 수 없다는 것이다. 심한 경우에는 좌반신이 공 앞쪽 목표 방향으로 쏠리면서 머리와 어깨까지 움직이게 되어 결과적으로는 목표를 벗어난 미스샷이 되고 만다.

흔히 우리는 다운스윙 때 '왼쪽에 벽을 쌓아라'라는 말을 듣는다. 그러면 어떻게 하면 이 문제를 해결할 수 있을 것인가.

간단한 방법 한 가지를 소개한다.

어드레스 때 왼쪽 눈으로 공 오른쪽을 바라보도록 하라. 그리고 스윙하는 동안에도 왼쪽 눈이 공 오른쪽에서 떨어지지 않도록 계속 주시하라. 이처럼 지극히 단순한 요령 하나가 다운스윙 때 좌반신이 공 뒤에 머물게 하는 결정적인 역할을 하게 되고 그 효과가 매우 큰 것에 놀랄 것이다.

골프의 기원과 발전과정

현재 우리가 말하는 골프는 스코틀랜드에서 창시되었다고는 하지만 그 시기와 장소는 명확하지 않다. 그러나 15세기 중엽부터 널리 성행했다는 기록은 문헌을 통해서 확인할 수 있다.

당시 얼마나 골프가 유행했던지 영토 방위의 유일한 수단이었던 궁술(弓術) 훈련을 게을리하게 되어 드디어 1457년에는 국왕 제임즈 2세에 의해 골프 게임을 금지하는 포고령이 내리기에 이르렀다. 그래도 골프열은 식지 않아 1471년과 1491년에 다시 이와 유사한 포고령을 내렸지만 별효과를 거두지 못했다.

그러던 중 15세기 말 화약의 발명은 궁술 연마의 중요성 때문에 내려졌던 골프 게임 금지에 관한 포고령에 종지부를 찍는 데 크게 공헌했으며, 드디어 국왕 제임즈 4세는 그때까지 공포했던 세 개의 법령을 폐지하기에 이르렀다.

이 세상에 실제로 존재했던 가장 오래된 골프 코스는 런던에 있는 로열 블랙히드 골프 클럽(Royal Blackheath Golf Club)이라고 공인하고 있으나 이 역시 골프의 기원과 마찬가지로 그 근원이 명확하지 않다.

그러나 1608년에 이 블랙 히드 클럽에 골프회가 조직되었고, 1766년에는 그 활동과 위세가 대단했던 것을 보면 꽤 오랫동안 존속되었다고 볼 수 있다.

한편 1735년에는 영국의 에딘버러에 로열 골핑 소사이어티(The Royal Golfing Society)가 창설되었으며 정규 5홀을 갖춘 골프 코스를 만들게 되었다. 이때부터 단순한 오락이나 여가 선용을 위한 스포츠가 아니라 경기의 기능을 갖춘 플레이의 필요성이 요구되어 1744년에 오너러블 컴퍼니 오브 에딘버러(The Honourable Company of Edinburgh)를 창설하고 최초의 성문화한 골프 규칙 전문 13조 룰을 제정하였으니 이것이 현재 전 세계에서 이용하고 있는 골프룰의 근간이 된 것이다.

참고로 1754년 스코틀랜드의 세인트 앤드루스에 창설된 로열 앤드 에인션트 골프 클럽(The Royal and Ancient Golf Club of St. Andrews)은 현존하는 골프 코스 중 가장 오래된 코스이며 골프의 메카로서 그 권위와 위엄을 과시하고 있지만, 결코 제일 먼저 생긴 코스는 아니라는 것을 말해 둔다.

그 립
Grip

더블 오버래핑 그립으로 거리를 늘려라

골프는 두 손으로 클럽을 쥐고 공을 때리는 연속 운동이다. 클럽을 어떻게 잡느냐 하는 것은 골프의 기본 중의 기본이다.

그립은 몸의 힘을 한 군데로 모으는 접점이기 때문에 두 손이 제각기 놀아서는 안 되며 왼손과 오른손의 힘이 균형을 이루면서 어느 한 곳에 집중할 수 있도록 해야 한다.

대부분의 골퍼는 오른손 새끼손가락을 왼손 둘째손가락 위에 얹어 놓는 오버래핑 그립(over-wrapping grib)을 하고 있다. 여기서 권하고 싶은 것은 오른손 새끼손가락과 네째손가락을 왼손 둘째손가락과 가운데손가락에 이중으로 겹쳐서 올려놓는 이른바 더블 오버래핑 그립이다.

이 그립은 자기의 최대의 힘을 활용해서 스윙할 수 있도록 해 준다. 이렇게 함으로써 타이밍이 좋아지고 힘 있는 스윙을 하게 되어 거리도 더 나게 된다.

클럽을 잡은 두 손이 떨어질수록 클럽헤드를 컨트롤하기는 쉽지만 헤드의 속도를 가속시킬 수는 없게 된다. 그래서 더블 오버래핑 그립은 몸을 돌릴 때 매우 효과적인 회전축의 역할을 해 준다. 특히 이 그립은 손이 작거나 힘이 약한 골퍼에게 권하고 싶다.

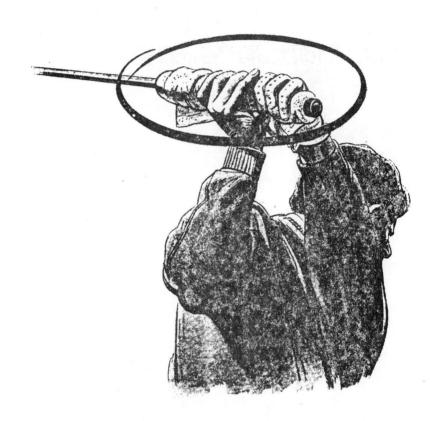

그립에 수건 감아 손목 긴장을 풀어라

두 손과 팔이 지나치게 긴장하게 되면 힘이 들어가게 되므로 부드러운 스윙을 방해하는 요소로 작용하게 된다.

그립은 적당한 힘으로 가볍게 잡을수록 좋은 것이나 일반적으로 아마추어는 스윙하는 동안에 두 손으로 그립을 꽉 잡는 경향이 있다.

그립은 가볍게 잡아야 손목의 힘이 빠지고 긴장을 떨쳐 버릴 수 있다. 그래야만 클럽헤드의 스피드를 가속시키고 정상적인 궤도를 따라 클럽헤드가 움직일 수 있게 할 수 있기 때문이다.

이 긴장감을 떨쳐 버리는 연습 방법으로서 클럽의 손잡이 부분(그립)에 수건을 감아보자. 그러면 그립은 굵어지고 자연히 가볍게 잡게 되어 자신 있는 감각을 찾을 수 있을 것이다.

슬라이스 고치려면 왼손을 틀어라

경험이 적은 골퍼에게는 힘없이 날아가는 슬라이스 타구가 많다. 그 원인은 왼손의 그립이 지나치게 왼쪽으로 돌아가 있기 때문이다. 왼손의 엄지와 둘째손가락으로 만들어지는 V자가 왼쪽 어깨로 향하고 있을 것이다. 이렇게 되면 두 손이 일체가 되어서 움직일 수 없기 때문에 클럽페이스 (clubface)가 열리게 되고 따라서 임팩트 때 헤드의 스피드가 줄어들게 된다.

왼손을 좀더 오른쪽으로 틀어서 V자가 오른쪽 어깨와 턱의 중간으로 향하도록 하라. 이른바 스트롱 그립(strong grip)으로 잡으면 클럽페이스가 타구 방향으로 직각이 되어 헤드의 스피드도 틀림없이 증가하게 된다. 일단 그립이 정확하면 기술은 급속도로 향상될 것이다. 이것 또한 힘이 약한 골퍼들에게 권하고 싶은 그립이다.

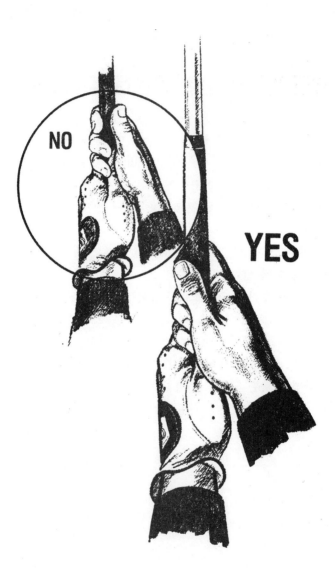

오른손 엄지손가락을 활용하지 말라

젊은 플레이어가 대개 그렇지만 힘에 자신이 있는 골퍼들은 극단적인 스트롱 그립을 하는 경향이 많다. 이들의 그립은 오른손 엄지손가락과 둘째손가락으로 이루어지는 V 자가 오른쪽 어깨의 오른쪽 끝으로 향하고 엄지손가락은 샤프트의 센터라인 오른쪽 위에 놓여지게 된다.

엄지손가락이 이 위치에 놓이게 되면 오른쪽 몸 전체가 너무 많은 힘을 쓰게 되어 훅이 나기 쉽다. 그래서 이번에는 공을 똑바로 보내려고 머뭇거리다 보면 자신 없는 스윙이 되어 헤드의 스피드가 떨어지면서 거리를 손해 보는 힘이 약한 샷이 되고 만다.

이런 문제점을 해결하기 위해서 우선 그립을 바꾸어보자. 즉 V 자가 목 오른쪽으로 향하도록 오른손을 왼쪽으로 틀어라. 그러면 엄지손가락은 일부분 샤프트에 닿으면서 둘째손가락의 손톱 끝에 걸치게 될 것이다.

이렇게 그립을 바꾸면 공을 치고 난 후 두 손을 끝까지 뻗을 수가 있고 폴로스루를 완전하게 할 수 있게 된다.

이제부터는 겁은 사라지고 자신 있게 공을 때릴 수가 있어서 방향도 정확해질 것이다.

20세기 골프의 성장

골프가 영국에서 시작되었다고 는 하나 미국에서도 17~18세기 에 신세계가 열리면서 골프 또 는 이와 비슷한 게임이 있었다 고 전해지고 있다. 그러나 확 실한 근거는 없고 1779년 처음 으로 골프라는 말을 사용했으 니 이 때를 미국에서의 골프의 기원이라고 추정할 수 있겠다.

그로부터 1백여 년 뒤 1887 년 미국 최초의 폭스버그 골프 클럽(The Foxberg Golf Club, Vermont)이 정규 코스로서 문 을 열었고, 그 다음 1889년 영 국 이민들에 의해서 창설된 미 들스버러 골프 클럽(The Mid-dlesborough G.C., Ky)이 지금 까지 존속되어 온 가장 오래된 코스이나 코스의 사용 여부는 알 길이 없다.

다만 여기서 주목해야 할 점 은 미국의 골프는 영국의 영향 을 받아 발전해 왔다는 것이다. 즉 19세기 말부터 제1차 세계 대전이 끝나는 20세기 초에 미 국으로 이주한 영국 이민들의 노력이 미국에 골프를 보급한 원동력이 되었다고 할 수 있다. 더우기 1916년 미국 프로 골프 협회(PGA)의 탄생은 골프 인 구를 증가시켰을 뿐만 아니라 코스, 용구, 볼, 룰에 이르기까 지 급격한 변화와 발전을 가져 왔으며 이것이 전 세계의 현대 골프 발전에 절대적인 역할과 공헌을 하는 계기가 된 것이다.

또한 20세기 골프 성장에 가 장 중요한 활력소가 된 것은 시 니어 골퍼들의 숨은 공을 돌지 않을 수 없다. 1905년 뒤부터 골프가 젊은이들의 경기가 아 니라는 것을 입증하기 위해서 당시 60세인 호치키스(Horace Hotchkiss)씨의 제안으로 설립 된 55세 이상 골퍼만이 참가하 는 시니어 골프 경기는 골프의 인식을 새롭게 하는 시금석이 되었으며, 이것을 시발로 1917 년에는 미국 시니어 골프 협회 가 창설되면서 골프의 질을 높 이고 본격적인 골프의 프로화 시대로 돌입하는 교량 역할을 하게 되었다.

제2차 세계 대전이 끝나면 서부터 1950년대 중반에 이르 는 불과 10여 년 동안에 미국 의 골프 인구는 1천만명을 넘 어서게 되고 60여개국에 보급 되었으니 가히 골프는 세계 속 의 대중 스포츠라고 하지 않을 수 없게 되었다.

백 스 윙

Backswing

백스윙 땐 체중 이동 폭이 클수록 좋다

골프 스윙은 클수록 좋다고 한다. 이 말은 스윙 아크 (swing are)가 커야 한다는 뜻이다.

백스윙 때 왼발 뒤꿈치를 들어올리는 힐업(heel-up)도 체중 이동을 쉽게 하고 몸의 회전을 크게 해서 스윙 아크를 크게 하기 위해서이다.

체중 이동의 폭도 클수록 좋다. 다만 골프 스윙은 회전 운동이기 때문에 체중을 좌우로 움직이는 것만으로 되는 것은 아니고 반드시 몸의 회전을 동반하지 않으면 안 된다. 이토록 체중 이동과 몸의 회전은 상호 불가분의 관계에 있기 때문에 서로 조화를 이룰 때에 비로소 좋은 스윙을 할 수 있다.

거리는 속도와 힘에 비례한다. 이것은 물리학의 원리이다. 거리를 내기 위해서는 힘 있게 빠른 속도로 클럽을 휘둘러야 된다는 계산이 나올 수도 있다. 스윙이 빠르면 빠를수록 헤드의 스피드가 빨라지는 것은 사실이다. 그러나 골프 스윙에서 생각해야 할 것은 스피드보다는 스윙 아크가 커야 한다는 것을 잊어서는 안 된다. 물론 헤드의 스피드는 필요한 것이지만 그것은 의식적으로 빨리 해야겠다고 생각하지 않아도 충분한 체중 이동과 몸의 회전을 통해서 스윙 아크를 크게 하면 저절로 얻어지는 결과라는 것을 알게 될 것이다.

백스윙은 왼쪽 팔꿈치부터 시작하라

스윙의 절대적인 요소는 체중 이동과 몸의 회전임은 앞서도 지적했다. 스윙 아크가 크면 클수록 거리는 더 나게 되지만 그렇다고 해서 아크를 크게 하기 위해 클럽을 아무렇게나 뒤로 멀리만 끌어올려 보아야 소용없다. 스윙은 원운동이기 때문에 반지름, 즉 왼쪽 어깨에서부터 클럽헤드까지의 거리가 길어지면 아크는 자연히 커지게 마련이다. 그렇게 하기 위해서는 스윙은 왼쪽 팔꿈치에서부터 시작한다고 생각하면 좀더 이해하기가 쉬울 것이다.

그러나 이 말은 어디까지나 감각적인 표현에 불과하다. 구체적으로 설명하면 테이크백은 될 수 있는 대로 클럽헤드가 지면에 닿도록 낮게 끌면서 왼쪽 팔꿈치로 클럽을 밀어낸다는 느낌을 갖도록 하는 것이다.

이 요령 하나만으로도 지금까지보다는 스윙 아크가 커지게 되고 거리가 더 나게 되는 것은 의심할 여지가 없다.

공을 토스하는 요령으로 스윙하라

골프에서 공을 멀리 때리기 위해서는 무거운 물건을 멀리 던질 때의 요령을 골프 스윙 속에 살리면 효과가 크다.

이 요령을 터득할 수 있는 방법 하나를 소개한다.

골프공을 천정에 닿지 않도록 손바닥으로 위로 던져라. 그리고 그 공이 포물선을 그리며 높이 올라갔다가 천천히 방향을 바꾸면서 점점 가속이 되어 떨어지는 과정을 주의 깊게 살펴보도록 하자. 그 다음은 자기가 스윙할 때 두 팔이 어떻게 움직이고 있을 것인가를 상상해 보라.

골프 스윙에서 테이크백이 너무 빠른 것은 공을 빨리 던지는 것과 같은 이치이다.

공을 토스할 때 공이 천정에 닿도록 던진다면 백스윙에서 다운스윙으로 이어질 때 무리하지 않고 부드럽게 연결되는 기회를 죽여 버리는 것과 마찬가지 원리이다.

그립을 가볍게 잡으면 클럽을 가장 효과적으로 컨트롤할 수 있다는 것도 알게 될 것이다. 공을 토스할 때 꽉 잡고 던지면 마음대로 컨트롤할 수 없는 것과 같이 골프 클럽을 휘두를 때도 마찬가지 이치이다.

백스윙 땐 클럽헤드가 오른발 끝 통과를

골프 스윙이 원운동이라고는 하지만 엄밀한 의미의 원은 아니다. 즉 스윙할 때 클럽헤드의 궤도는 콤파스로 그리는 것 같은 원은 아닌 것이다. 이 원리를 머리 속에 그리면서 백스윙의 요령을 살펴보자.

연습을 열심히 하는 초보자 중에는 백스윙 때 클럽을 아주 낮게 몸에 붙여서 들어올리고 그 결과 다운스윙 때에는 클럽페이스가 엎어진 상태에서 공을 맞히기 때문에 훅이 나서 고민하는 사람을 많이 보게 된다.

이 결점을 고치려면 좀더 클럽을 바로 들어올리도록 하라 (upright swing). 이렇게 하면 누구나가 임팩트 때 클럽페이스가 목표와 직각이 되어 탄도가 높고 직선으로 날아가는 공을 치기가 쉬워진다.

즉 백스윙을 시작할 때 클럽헤드가 일직선으로 오른발 끝을 통과할 때까지 왼손으로 밀어내도록 하라.

이렇게 백스윙을 하게 되면 구질도 많이 좋아질 것이다.

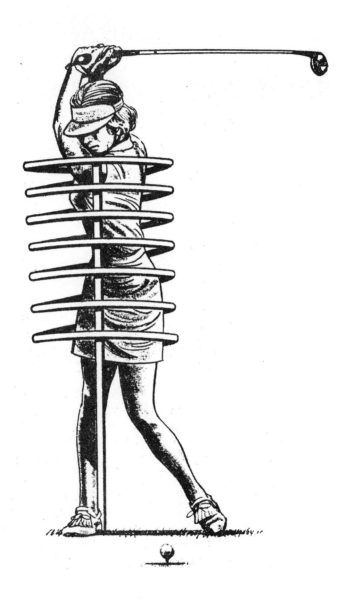

긴장감을 없애려면 상체를 틀어라

백스윙 때 지나치게 긴장하게 되면 마음대로 클럽을 휘두를 수가 없게 되어 이것 때문에 모처럼 지니고 있는 경기 능력을 제대로 발휘할 수 없게 된다. 이 긴장감을 떨쳐 버리기 위해서는 그립을 가볍게 잡고 어드레스 때 두 팔을 느슨하게 늘어뜨리는 것이 좋다.

그 다음 어깨를 돌리면서 백스윙을 시작하라. 그러면 오른쪽 다리가 회전축이 되어 몸이 점차적으로 꼬이게 될 것이다. 이렇게 하면 체중은 틀림없이 백스윙 때에는 오른쪽으로, 다운스윙 때에는 자연히 왼쪽으로 옮겨지게 될 것이다.

골프 클럽만 잡으면 긴장하는 골퍼가 있는데 이것을 해소하기란 그리 쉬운 일이 아니다. 그러나 여기서 소개하는 방법을 쓰면 의외로 빨리 긴장을 풀고 정상적으로 공을 때릴 수 있게 될 것이다. 또한 거리도 어느 정도 늘어나게 될 것이다.

백스윙 때의 몸의 동작을 순서대로 요약하면 어깨 허리 무릎의 순으로, 즉 백스윙은 위에서 아래로 돌리는 것이라고 알아두자.

백스윙 땐 왼쪽 팔꿈치에 힘을 줘라

백스윙의 시동은 몸통이 주도하는 것이 아니라 두 팔이 주동이 되어 시작하는 것이라는 느낌을 갖도록 하자.

그런데 많은 골퍼들은 이와 반대로 먼저 몸을 돌리고 나서 클럽헤드는 뒤로 처진 두 팔에 이끌려서 뒤따라가는 것이라고 잘못 생각하고 있다.

물론 이것도 감각적인 표현에 지나지 않지만 백스윙은 두 팔의 리드로 시작되는 것이라고 단정하는 것이 스윙 감각을 살리는 데 큰 도움이 된다.

먼저 어드레스에서 왼손 하나만으로 클럽을 잡는다. 그 다음 손등과 팔목이 평면상의 직선이 되도록 쭉 뻗고 그립 끝이 목표 쪽을 바라보도록 클럽을 오른쪽으로 돌리고 나서 손목을 꺾는다(cocking).

다음은 왼팔 팔꿈치에 목표 반대 방향으로 힘을 주면서 (이때 팔은 자동적으로 펴진다) 클럽을 가볍게 뒤로 밀어내라. 이때 주의해야 할 것은 왼손이 오른쪽 다리를 통과할 때까지는 절대로 몸을 회전시켜서는 안 된다는 것이다.

이 방법을 통해서 백스윙을 시작하는 정확한 방법을 알게 되면 정상적인 기본대로의 백스윙을 할 수 있게 될 것이다.

티를 공 뒤에 꽂고 테이크백을 하라

초보자에게서 흔히 볼 수 있는 현상인데 백스윙 때 클럽을 몸 안쪽으로 끄는 경향이 많다. 이런 현상은 처음부터 교정하지 않으면 안 된다. 클럽을 안쪽으로 끌면 클럽페이스가 열리게 되고 페이스가 열리면 공을 제대로 맞힐 수가 없을 뿐만 아니라 거리도 나지 않는다. 그래서 테이크백 때 클럽페이스는 절대로 열려서는 안 된다는 것이다. 이 결점을 고치려고 이번에는 백스윙 때 클럽헤드를 급히 들어올리는 잘못을 저지르게 되는 것은 흔히 볼 수 있는 일이다. 이러한 현상은 대개 오른손에 힘이 들어가서 지나치게 긴장해 있기 때문이다. 백스윙을 가장 이상적으로 시작하는 동작은 클럽헤드를 낮게 그리고 느리게 뒤로 끌어서 끝에 가서 목표선 안쪽으로 들어올려야 한다.

백스윙 때 클럽헤드가 가야 할 스윙길(swing path)이 있는데 이 길을 바로 따라가는 방법, 즉 테이크백을 정확하게 하는 방법 하나를 소개한다. 티를 공 뒤 40~45cm 지점의 목표선 바로 안쪽에 꽂고 연습하도록 해 보자. 백스윙을 시작할 때 클럽헤드가 이 티를 넘어뜨리게 되면 정확하게 테이크백을 하고 있다는 증거일 것이다.

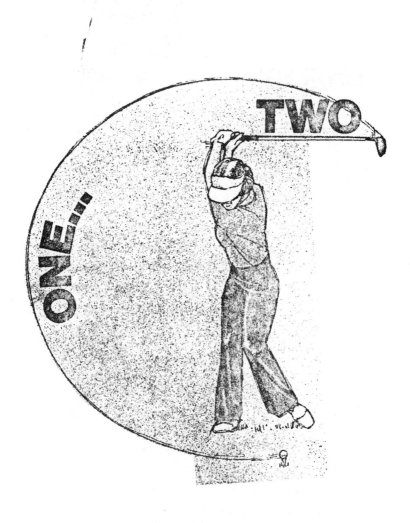

하나 둘에서 타이밍을 맞춰라

인생 만사가 타이밍이지만 골프도 예외는 아니다. 스윙은 그야말로 걸어가는 감각과 일치해야 한다고 한다. 이 말은 절대로 뛰어가는 것처럼 되어서는 안 된다는 뜻이다. 백스윙은 거리나 주위 상황에 전혀 상관하지 말고 항상 똑같은 템포로 천천히 여유 있게 해야 한다.

그런데 너무 서둘기 때문에 백스윙을 완전하게 하기도 전에 다운스윙에 들어가는 골퍼들이 많다. 이렇게 되면 체중을 완전히 오른쪽으로 옮길 수가 없게 된다. 두 손이 겨우 어깨 높이 근처까지 왔을까 말까 하는 지점에서, 즉 백스윙이 완성되기 훨씬 전에 다운스윙에 들어가게 되면 타이밍이 흐트러져서 제대로 공을 맞힐 수가 없게 된다.

이런 골퍼들의 타이밍을 바로 잡기 위해서는 백스윙 때 '하나' 하고 톱스윙에서 의식적으로 잠깐 멈추었다가 '둘'에서 다운스윙에 들어가라.

이렇게 하면 백스윙은 느리고 커지며 체중 이동도 제대로 할 수 있게 된다. 결과적으로는 타이밍이 좋아지기 때문에 거리도 늘게 된다.

이토록 '둘'까지 셀 수 있게 되면 그 효과는 매우 클 것이다.

테이크백은 헤드를 미트 속에 넣듯이

초보자는 말할 것도 없고 골프 경력이 제법 오래 된 골퍼 중에서도 테이크백을 제대로 하지 못하기 때문에 처음부터 스윙을 망쳐 버리는 플레이어가 많다.

이런 골퍼들은 백스윙 때 정확하게 클럽을 끌어올리는 방법을 모르기 때문이다. 이들은 성급하게 클럽을 안쪽으로 끌어올려서 결과적으로는 플랫 스윙(flat swing)이 되거나 아니면 반대로 목표선 바깥쪽으로 멀리 들어올려서 지나치게 업라이트(upright) 스윙을 하기도 한다.

클럽헤드가 바른 궤도를 따라 움직일 때 비로소 좋은 스윙이 되는 것이다.

그래서 이런 상상을 하면서 정확한 동작을 익히도록 해보자. 즉 공 바로 외곽에 클럽 하나를 목표선과 평행으로 놓고 야구에서 포수가 꿇어 앉아서 투수가 던지는 공을 무릎 높이에서 잡는 자세를 상상해 보자. 그리고 나서 정확한 백스윙이 되게 하기 위해서 클럽헤드를 미트(mitt) 속에 밀어넣는다는 생각으로 테이크백을 하라.

이런 상상을 하면서 왼팔을 쭉 펴고 클럽을 일직선으로 낮게 끌어올리면 백스윙의 요령을 쉽게 이해하게 될 것이다.

오른쪽 무릎 넣어서 탄력을 살려라

골프 스윙을 한 마디로 말하면 등뼈를 중심으로 한 회전 운동이라고 할 수 있다.

사람의 몸은 팔 다리 몸통으로 구성되어 있다. 그런데 클럽을 직접 휘두르는 것은 팔이고 몸통의 회전을 받쳐 주는 것은 다리이다. 그래서 몸의 회전을 직접적으로 지탱해 주는 다리의 역할이란 매우 중요한 것이다. 스윙이 힘없이 느슨해지는 것은 백스윙 때 체중의 태반이 오른발 바깥쪽으로 쏠려서 어깨가 앞으로 숙여지기 때문이다. 이렇게 백스윙 때 몸이 흐트러지는 것을 막고 몸을 완전히 회전시켜서 용수철 작용을 할 수 있게 하려면 어드레스 때 오른발을 목표 선과 직각이 되도록 스퀘어 스탠스를 취하고 오른쪽 무릎을 목표 방향으로 넣어주어야 한다.

이렇게 하면 안으로 죄어진 오른쪽 무릎이 몸 오른쪽을 받쳐 주기 때문에 균형이 잡힌 백스윙을 할 수 있게 된다.

골프 스윙에서 근육이 완전히 풀려 있으면 안 되고 어느 정도의 긴장은 필요하지만 톱스윙에서 이 긴장감을 유지할 수 있게 되면 다운스윙에서는 두 다리가 부드럽게 움직여서 무릎을 살린 스윙을 할 수 있게 되고 어깨가 먼저 돌아가는 무리한 스윙을 방지할 수 있게 될 것이다.

백스윙할 땐 오른발 뒤꿈치를 들어야

주말에나 겨우 한두 번 필드를 밟아보는 골퍼들은 대개 팔로스루 때 몸이 뒤로 넘어지면서 휘청거리는 경향이 많은데 이것은 몸이 완전히 정지된 상태에서 백스윙을 하기 때문이다.

일반적으로 어드레스 때 체중을 좌우 동일하게 놓고 있지만 백스윙을 시작할 때 일단 체중을 왼쪽에 놓았다가 그 반동을 이용해서 체중을 오른쪽으로 옮기면서 몸을 돌리고 있다.

이때 완전히 몸이 정지된 상태에서 갑자기 몸을 회전시키는 것이 아니라 미묘할 정도로 두 발을 약간 반대로 밟아서 일단 왼쪽에 실은 체중을 오른쪽으로 옮기면서 백스윙을 시작해야 한다.

이렇게 간단히 예비 동작을 함으로써 보다 효과적인 스윙을 할 수 있는 것이다.

먼저 어드레스 때 두 팔의 힘을 빼고 가볍게 클럽을 흔들어 보라. 드디어 클럽을 들어올릴 준비가 되었으면 '하나 둘' 하고 마음 속으로 세어 보라. '하나'에서 오른발 뒤꿈치를 가볍게 떼고 '둘'에서 다시 밟으면서 테이크백을 시작하라. 이렇게 하면 팔과 다리가 한 동작으로 이어지는 연결 동작이 좋아지고 그 결과 스윙이 부드러워져서 거리도 제법 많이 나게 될 것이다.

어깨는 90도 이상 허리는 45도 돌려라

백스윙 때 허리와 어깨를 충분히 돌려야 한다고 하는 것은 골퍼라면 누구나 알고 있는 사실이다. 그런데 '충분히' 또는 '완전히'라고 말할 때 어느 정도 회전해야 하는가에 대해서는 명확히 모르는 골퍼도 많을 것이다. 어깨는 90도 이상, 허리는 45도 이내로 돌아가야 완전한 스윙이 된다고 한다. 얼핏 보면 젊은 사람에게나 가능한 회전폭처럼 느껴지지만 아직까지 거리에 욕심이 있는 골퍼에게는 이 정도는 몸이 돌아가야 한다.

그런데 50고개를 넘은 골퍼에게는 그 나름대로 튼튼한 어깨나 허리의 회전을 방해하는 여러 가지 장애가 느닷없이 일어나게 되어 거리도 조금씩 줄어들게 될 것이다. 이런 현상은 물론 몸을 충분히 돌리지 못하는 데 기인하는 것이다.

그러나 실망하지 말고 희망을 갖자. 완전하게 몸을 돌릴 수 있는 방법만 알면 되기 때문이다. 즉 백스윙을 시작할 때 오른쪽 엉덩이(오른쪽 허리라고 생각해도 좋다)를 공에서 되도록 멀리 바깥쪽으로 돌린다고 생각하라.

이런 요령으로 몸을 돌리면 왼쪽 무릎이 안으로 따라 들어가면서, 왼발 뒤꿈치가 돌리면서 자연스럽게 체중 이동이 이루어질 것이다.

골프의 에티켓

골프는 시합의 성격을 지닌 스포츠이기 때문에 반드시 승패를 가리게 되어 있고 적은 타수로 플레이한 사람이 승자가 되는 것은 누구나 다 아는 사실이다. 그렇다고 골프는 타수를 줄이는 것만이 전부는 아니다. 물론 뛰어난 기량으로 좋은 스코어를 내는 것도 중요하다. 그러나 골프 게임은 기능에 앞서 반드시 지녀야 할 보다 중요한 기본 자세가 필요한 것인데 이것이 바로 에티켓, 즉 매너라는 것이다.

그래서 골프 규칙 제1장에는 에티켓에 관한 규율을 만들어 놓고 세계 각국이 이 규칙을 골프룰의 으뜸으로 존중하고 이행하고 있으며 골퍼로서의 스포츠맨십을 강조하고 있다.

중세 영국(Scotland)에서 귀족의 스포츠로서 창안된 골프가 이토록 에티켓을 중시하고 있는 것을 감안한다면 골프에 있어서는 기술보다는 룰이, 룰에 앞서 에티켓이 곧 뿌리 깊이 흐르고 있는 골프의 이념이라는 것을 역연히 알 수 있다. 이와 같이 골프는 승패만을 가리는 룰 이전에 에티켓, 매너라는 기본 위에 스포츠로서의 규칙이 성립되어 있다 하겠다.

그러면 골프의 에티켓이란 어떤 것인가. 골프 규칙 제1장에서 규정한 에티켓이란 ① 코스에서의 예의, ② 코스의 선행권, ③ 코스의 보호로 구분하여 설명하고 있으나 이것을 한 마디로 줄이면 '시설물(course)을 보호하고 다른 사람이 편하게 플레이할 수 있도록 해 주는 마음가짐'이라 정의내릴 수 있겠다.

이처럼 골프에서 룰이나 에티켓을 강조하는 것은 골프가 다른 스포츠와 달리 넓은 경기장(코스)에서 많은 경기자가 일시에 많은 공을 사용하고 있고 특히 공이 날아가는 거리는 야구공의 2배 이상이나 되어 지극히 위험하고 통제를 필요로 하는 게임이라는 특성을 지닌 때문이다. 넓은 코스에 심판원이라는 감시 제도가 있는 것도 아니고 오직 플레이어 자신이 자주적인 행동과 규율에 의해서 게임이 운영되고 있으니 에티켓과 룰의 필요성에 대해서는 충분히 이해가 되었으리라 믿는다.

골프가 특정인의 전유물이었던 시대는 지난 지 이미 오래다. 부와 직위나 지위에 관계없이 양보와 호혜의 정신을 지닌 훌륭한 사회인, 모범된 시민, 다시 말해 예절 바른 사람이라면 남녀노소를 막론하고 골퍼로서의 자격이 있다 하겠다.

다운스윙

Downswing

벨트의 버클을 목표 쪽으로 향하게

다시 한번 골프 스윙의 원리를 생각해 보자. 스윙이란 몸의 모든 근육이 상호 연관된 연계 동작에 의해서 자연스럽게 이루어져야 하는 것이다. 즉 힘 있는 스윙을 하기 위해서는 몸 전체를 사용하지 않으면 안 된다. 손이나 팔만으로 스윙을 하게 되면 힘도 정확성도 기대할 수 없다.

공을 맞힐 때 충분히 몸을 쓰지 않고 손이나 팔에만 의존하는 골퍼가 많은데 이런 타구는 그 정확성이나 거리는 반감되게 마련이다.

이런 결점을 보완하고 지나친 손이나 팔의 작용을 억제할 수 있는 방법을 생각해 보자. 먼저 테이크백 때 두 어깨로 클럽을 밀어올리고 공을 때리고 난 후에도 끝까지 클럽을 휘둘러 주어야 한다. 그 다음은 피니시에서 벨트의 버클이 목표 쪽으로 향하도록 몸을 돌려주지 않으면 안 된다.

이것을 염두에 두고 공을 때리면 비교적 손(힘)을 덜 쓰게 되어 결과적으로는 팔이 아니라 몸으로 때리는 타법을 익히게 될 것이다. 물론 거리도 더 나고 정확성도 뒤따르게 되는 것은 말할 것도 없다.

스윙 후에도 왼손 리드를 잊지 말라

골프 스윙은 좌반신으로 리드하고 오른쪽 몸은 이에 따라 가는 것이 가장 이상적이다. 다운스윙에서는 두말할 필요도 없이 더욱더 이 원리에 따라야 한다. 최대의 힘을 발휘하고 정확하게 클럽을 컨트롤하기 위해서는 공을 끝까지 쳐낼 때까지 왼손이 오른손을 리드하지 않으면 안 된다.

이 원리를 구체적으로 설명하기 위해 컨테이너를 운반하는 트럭을 상상해 보기로 하자. 즉 왼손은 무거운 짐을 끌고 가는 트랙터이고 오른손은 트랙터에 끌려가는 트레일러라고 말할 수가 있겠다.

트레일러(오른손)가 트랙터(왼손)보다 먼저 가면 도로에서는 사고가 일어나고 골프에서는 마스샷이 되고 만다. 그래서 공을 맞히고 난 뒤에도 끝까지 왼손의 리드를 잊어서는 안 된다.

이렇게 다운스윙에서는 절대적으로 왼손의 역할이 크다는 것을 생각하면 체중 이동도 원활하게 되고 파워 있는 스윙을 할 수 있게 되어 클럽헤드의 스피드도 살릴 수 있게 될 것이다.

손목을 돌려서 홈런을 치듯이 하라

골프 스윙이란 생각하기에 따라서는 아주 간단하고 쉬운 것이다. 클럽을 들어올렸다 내리면서 공을 맞히기만 하면 되는데 골프를 배우는 사람 자신이 공연히 겁먹고 어렵게 생각하기 때문에 더욱더 어려워지고 마치 특별한 비법이라도 있는 것처럼 이해하기조차 어려운 설명이나 이론이 쏟아지고 있다.

심지어 인체 역학을 끌어내는가 하면 바이오리듬(bio-rhythm)까지도 등장한다. 그러나 한 가지 분명한 것은 스윙은 감각적이어야 한다는 사실이다.

이번에는 야구 배트를 잡고 홈런을 친다는 생각으로 스윙해 보자. 홈런 타자가 폴로스루의 자세에서 두 팔목이 완전하게 어기쳐 돌아가 있는 것을 주목해 보면 쉽게 이해할 수 있을 것이다. 골프 스윙에 있어서도 폴로스루는 이처럼 되는 것이 바람직하다.

그러면 이번에는 손목을 전혀 쓰지 말고(비틀어 돌리지 말고) 홈런을 쳐 보라. 아마도 대개는 오른쪽으로 높이 솟는 평범한 플라이볼이 될 것이다. 이와 마찬가지로 골프 스윙도 팔에 힘이 들어가게 되면 긴장하게 되고 클럽페이스를 스퀘어로 내던질 수가 없게 되기 때문에 결과적으로는 오른쪽으로 날아가는 평범한 슬라이스가 되고 만다.

장타를 치려거든 왼팔을 뻗어라

테이크백에서 톱스윙에 이르는 동안 스윙이 잘못 되었다고 생각되면 중도에 멈출 수가 있다. 그러나 다운스윙에서는 그 동작을 멈출 수 없다. 이렇듯 '돌이킬 수 없는 순간'을 임팩트라고 한다면 이 순간에 이르는 다운스윙을 가장 정확하게 해서 최대의 거리를 낼 수 있는 타법을 익히는 것이 훌륭한 골퍼가 되기 위한 노력이라 하겠다.

골퍼 중에는 클럽헤드가 임팩트 지점을 통과할 때 왼팔이 굽어 있는.것을 볼 수 있다.

이렇게 임팩트 때 왼팔이 굽어 있으면 힘 있게 때릴 수 없게 되고 헤드스피드도 약해지게 마련이다.

이런 골퍼들은 미식 축구의 키커(punter)의 자세를 머리 속에 떠올리면 클럽헤드의 스피드를 가속시키는 방법을 찾아내는 데 도움이 될 것이다.

축구 선수가 공을 길게 찰 때 마음껏 다리를 쭉 뻗지 않으면 안 되는 것처럼 골프에서도 임팩트 때 왼팔이 완전히 뻗어 있어야 한다.

이와 같은 요령으로 공을 때리면 클럽헤드의 스피드는 가속이 되고 따라서 거리도 늘게 될 것이다.

1시 방향으로 스윙한다고 생각하라

제아무리 스윙이 좋고 장타를 날릴 수 있어도 공이 목표 쪽으로 바로 가지 못하면 소용이 없다.

골프에 있어서 방향을 바로 잡기 위해 스윙 궤도를 바르게 해야 한다는 것은 매우 중요한데 이를 위한 간단하면서도 효과적인 방법을 소개하기로 하자.

즉 시계의 문자판을 이용하면 매우 편리하고 이해하기 쉬울 것이다.

먼저 목표를 12시 방향으로 정하고 공을 문자판의 중앙에 놓는다고 생각하자. 여기서 7시와 11시를 연결하는 선상에 스탠스를 잡는다. 이렇게 하면 목표선, 즉 6시와 12시를 연결하는 선과 평행이 되는 스퀘어 스탠스(square stance)가 될 것이다. 어드레스 때 클럽페이스는 자동적으로 12시 방향으로 놓이게 될 것이다.

백스윙 때 두 팔을 먼저 6시 방향으로 끌어올리면 두 어깨가 회전함에 따라 7시 방향으로 이동하게 된다. 마지막으로 두 팔이 가장 길게 뻗어서 정점에 이를 때에는 8시에 가까와질 것이다.

다운스윙 때에는 마음 속으로는 1시 방향으로, 즉 인사이드 아웃으로 클럽을 던진다고 생각하라. 그렇게 하면 목표선 안쪽으로 파고드는 다운스윙의 궤도를 만들 수가 있을 것이다.

스윙할 땐 허리를 수평으로 돌려라

골프를 배우기 시작한 초보자들은 대개 공은 손으로 때려야 한다고 잘못 생각하고 있는 경향이 많다. 그래서 스윙할 때 두 팔을 너무 빨리 끌어내려서 하반신은 전혀 쓰지 않는 스윙을 하고 있다. 이렇게 되면 자연히 오른쪽 어깨가 앞으로 숙여지면서 공은 깎여 맞게 마련이다. 이렇게 공을 때릴 때 클럽헤드가 목표선 바깥쪽에서 안쪽으로 들어오게 되면 오른쪽으로 힘없이 흐르는 타구가 되고 만다.

이런 상황은 흔히 체력이 약한 노년층이나 여성 골퍼에게서 볼 수 있는 현상이다. 만일 이와 같은 잘못 때문에 고민하는 골퍼는 백스윙이 끝나는 정점에서부터는 두 손을 쓴다는 것은 아예 잊어버리도록 하라. 다만 다운스윙에 들어갈 때 허리(엉덩이)를 목표 쪽으로 수평으로 이동시키는 것만을 생각하라. 이렇게 하면 다운스윙을 막을 수 있게 되고 클럽헤드가 목표선 안쪽에서부터 들어가면서 공을 맞히는 스윙을 할 수 있게 될 것이다.

이런 방법으로 연습을 거듭하게 되면 공은 똑바로 날아가게 되고 힘 있는 스윙을 할 수 있게 될 것이다.

스윙은 활시위를 당겼다 놓듯

골프 스윙을 다른 운동 경기의 내용과 관련시켜 생각해 보면 좀더 쉽게 이해할 수가 있을 것이다. 그러면 활을 쏘는 사수를 비유해서 다운스윙 때 클럽을 내던지는 감각을 찾아보도록 하자.

뛰어난 골퍼가 백스윙을 하는 것을 보면 어깨 허리 두 팔을 꼬아올리는 것이 마치 활을 쏘는 사수가 시위를 힘껏 당겼을 때와 마찬가지로 긴장감에 휩싸여 있는 것을 알 수가 있다.

골프에서도 일단 몸을 어느 한도까지 비틀고 나면 자연히 다시 풀리면서 두 팔과 두 손은 클럽헤드와 함께 공을 향해서 내려오게 된다. 즉 백스윙의 정점에 이르면 다운스윙으로 옮겨지게 되는데 이것은 마치 화살은 의식적으로 힘을 가하지 않아도 날아가게 되는 것과 마찬가지이다.

이 두 가지 원리는 모두 앞에서 이루어진 예비 운동에 대한 반작용의 결과이다. 즉 골프에서의 백스윙은 클럽을 정점까지 끌어올려서 클럽을 내던지기 위해 대비하는 동작에 지나지 않으며 도중에 변화 같은 것은 상관할 필요가 없는 것이다.

다시 말해 백스윙에서 몸을 비틀고 나서는 그 다음은 아무것도 생각할 필요가 없다 하겠다.

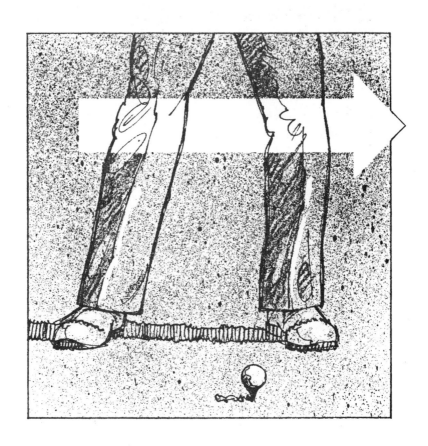

다운스윙 땐 무릎 먼저 목표 쪽으로 나가라

　다운스윙 때 클럽헤드가 목표선의 바깥쪽에서 안쪽으로 내려오면서 공을 맞히면 틀림없이 끌어 잡아당겨서 공이 왼쪽으로 직선으로 날아가거나 아니면 비켜맞아서 슬라이스가 나게 된다. 다운스윙이란 백스윙 때 꼬았던 몸을 다시 풀어주는 동작인데 여기에는 풀어주는 순서가 있고 그 순서대로 풀어주어야 자연스러운 다운스윙이 되는 것이다. 그래서 꼭 알아두어야 할 것은 다운스윙은 백스윙 때의 순서와 정반대로 몸을 움직여 주어야 한다는 것이다. 즉 백스윙 때 몸을 위에서 아래로(어깨 허리 무릎의 순으로) 틀었기 때문에 다운스윙에서는 아래서 위로(즉 무릎 허리 어깨의 순으로) 풀어주는 것이라고 생각하면 쉽게 이해할 수 있을 것이다.

　골프라는 게임을 기초부터 정확하게 배우려면 무엇보다도 스윙을 제대로 할 줄 알아야 한다. 그 중에서도 다운스윙은 중요한 것인데 다운스윙은 무릎이 먼저 목표 쪽으로 나가는 것부터 시작되는 것이라고 생각하라. 이때 오른쪽 히프로 왼쪽 히프를 밀어주면 무릎은 저절로 목표 방향으로 움직이게 된다.

　이렇게 하면 클럽헤드를 목표선의 안쪽에서부터 끌어내려서 정확하게 공을 맞힐 수 있게 되고 방향과 거리를 보장받게 될 것이다.

골프 룰

골프룰은 영국의 R & A(The Royal and Ancient Golf Club of St. Andrews)와 미국 골프 협회(USGA)가 공동 협의하여 제정하고 있다. 이 두 기구는 1952년 처음으로 골프 규칙 통일안을 만들어 1959년까지 적용해 왔으나 룰 중 몇 가지 세부 사항에 견해차가 있어서 일시 혼미의 길을 걸어오다가 1966년에 겨우 합의를 보아 1967년 1월 1일부터 발효되는 통일 규칙을 제정하여 오늘에 이르고 있다.

이 규칙은 1745년 영국에서 제정된 최초의 골프 규칙 13조 룰이 근간을 이루고 있다. 그러나 이 13조 룰은 매치 플레이(match play)에만 해당되던 것이어서 플레이 형태가 변함에 따라 스트로크 플레이(stroke play)에 필요한 판정이 요구되어 이를 보완, 오늘의 룰이 탄생된 것이다. R & A 와 USGA는 골프에 관한 제반 사항을 모두 규정하려고 시도하고 있으나 예측할 수 없는 사건까지를 미리 규제할 수는 없기 때문에 새로운 판정의 필요에 따라 매년 보완하고 있으며 올림픽 경기가 열리는 4년마다 종합적으로 룰을 개정하여 공표하고 있다. 이것이 제너럴 룰(General Rule)이다.

흔히 골프 규칙은 골퍼를 구속하는 것이라고 생각하고 있으나 그것은 잘못된 생각이다. 룰은 결코 금지 조항이나 벌점(penalty)만 있는 것이 아니라 많은 구제 조항도 포함되어 있다. 그래서 룰을 모르기 때문에 손해를 보는 경우가 허다하다.

골프 게임에 있어서 실기(實技)가 양이라면 룰은 음에 해당하는 것이어서 실기와 룰의 상관 관계가 화합되었을 때 참다운 스포츠로서의 실체가 형성된다.

골프룰은 골퍼가 부정을 저지르지 않는 신사라고 하는 성선설(性善說)에 입각해서 만들어졌고 자기 플레이는 자기 자신의 판정에 맡겨져 있기 때문에 더욱더 판정 기준이 되는 룰에 정통해야 할 필요성이 요구되는 것이다.

골프룰에 있어서는 무죄가 유죄로 판정되는 경우는 없다. 정지한 공에 대한 판정이어서 모든 정황이 명확하기 때문이다. 다만 무식의 소치로 구제받을 수 있는 상황에서 구제받지 못하는 경우는 얼마든지 있을 수 있다. 그래서 룰은 플레이어 자신에게 유리한 조언을 해 주고 변호해 주는 유일한 동반자라는 것을 잊어서는 안 된다.

피 니 시
—Finish—

피니시도 스윙의 한 부분이다

유명한 프로 골퍼의 스윙을 보면 임팩트에서 폴로스루에 이르는 폼이 일품이다. 이것은 몸의 한 부분이 아닌 전체의 힘이 집중되어 균형을 이루면서 유효하게 활용되고 있는 결과인 것이다.

스윙이란 백스윙에서 피니시까지의 모든 동작을 총체적으로 묶어서 표현하는 말인데 흔히 골프 스윙은 백스윙과 다운스윙만을 생각하기 쉽다. 그러나 스윙의 마지막 단계인 폴로스루와 피니시를 소홀히 해서는 안 된다.

물론 타구를 결정짓는 것은 임팩트이다. 즉 클럽헤드가 공에 맞는 순간 모든 것이 결정되는 것은 사실이다. 그래서 임팩트 후의 동작인 폴로스루와 피니시는 구질에 아무런 영향을 미치지 않는다는 이론도 있다. 그러나 이것은 건장한 체격과 강인한 체력을 겸비한 프로에게나 해당되는 말이다.

우리는 가끔 프로들이 공을 치고 난 뒤에 몸을 비틀거나 다리가 흔들리는 것을 볼 수 있다. 이것은 공을 제대로 때리지 못한 결과로 나타나는 현상이다. 다시 말하면 기본대로 백스윙 다운스윙을 하게 되면 몸이 흔들릴 까닭이 없다. 다만 여기서 생각해야 할 점은 폴로스루나 피니시까지가 타구에 영향을 미치는 절대적인 요소라는 사실이다.

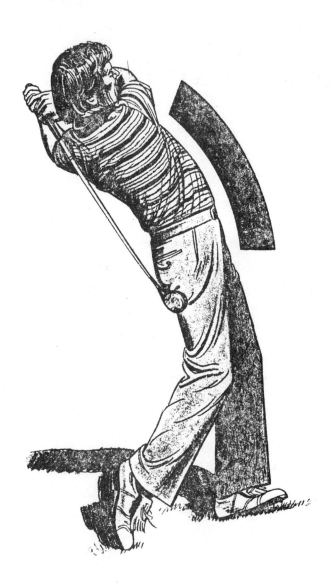

배를 목표 방향으로 힘껏 내밀어라

골프를 배우면서 '배를 집어넣어라'라는 말은 누구나가 한 두 번은 들어본 일이 있을 것이다. 이 말은 비대한 사람을 빗대서 하는 말은 아니다. 어드레스에서 배가 앞으로 나오면 체중이 발뒤꿈치에 놓이게 되어 자연스러운 스윙 동작을 할 수 없기 때문이다. 그래서 배를 집어넣으면 상체가 약간 앞으로 숙여지면서 체중은 몸 가운데에 놓이게 되고 스윙을 원활하게 할 수가 있기 때문이다.

그런데 이와는 반대로 '배를 내밀어라'라는 말도 골프 스윙에서는 절대적으로 필요한 효과적인 조언이라는 것을 기억해 두자.

공을 멀리 정확하게 날아가게 해 주는 원동력은 허리와 무릎을 얼마만큼 효과 있게 쓸 줄 아는가에 달려 있다. 다시 말해서 허리와 무릎의 작용을 이용하는 방법만 터득하면 스윙은 마스터한 거나 마찬가지이다.

폴로스루에서 배를 목표 방향으로 힘껏 내밀면 공을 때리고 나서 허리가 쉽게 돌아가면서 좀더 쉽게 무릎을 쓸 수가 있게 된다.

또한 배를 내밀면 폴로스루 때 아무런 제약을 받지 않고 클럽을 높이 던질 수 있게 되어 피니시에서는 활처럼 휘는 완전한 스윙을 할 수 있게 될 것이다.

폴로스루는 멋진 포즈를 과시하라

스윙은 될 수 있는 대로 클수록 좋다. 풀스윙을 함으로써 온 몸을 균형 있게 사용하여 최대의 헤드스피드를 얻어야 하고 임팩트 순간에는 모든 힘을 집중시켜야 한다.

특히 무릎 작용은 클럽헤드의 스피드를 증가시킬 뿐만 아니라 스윙 전체를 받쳐 주는 역할을 해서 스윙 궤도를 안정시켜 준다. 정확한 무릎과 허리의 활용은 어드레스에서 피니시까지의 스윙축을 무너뜨리지 않게 하고, 마치 레일 위를 달리는 기차바퀴처럼 무리 없는 유연한 스윙 궤도를 만들어 준다. 또한 바른 체중 이동은 완전한 스윙에 절대적으로 필요한 요소이다.

피니시는 체중이 왼발에 완전히 실려서 벨트의 버클이 목표 쪽으로 향하고 두 손은 높이 올라가서 오른쪽 발바닥은 목표의 정반대 방향을 보고 있을 때에 이상적인 피니시 자세가 되는 것이다.

완전한 스윙은 자신 있게 스윙할 때만 가능하다. 매사에 자신이 있으면 움츠리지 않게 되고 자기 과시의 본능은 누구에게나 있는 법이다.

이렇게 이상적인 폴로스루의 자세가 되려면 공을 치기 전에 자기 자신이 사진 콘테스트의 모델이 되었다고 생각하라. 그래서 완전한 폴로스루의 멋진 포즈를 과시하라.

폴로스루 뒤 두 팔과 손을 가슴 아래로

거리가 나지 않는다, 공이 바로 가지 않는다, 미스샷이 많다……등등 아마추어의 고민은 그야말로 천태만상이다. 이 모두가 스윙의 기본을 완벽하게 익히지 못한 때문이다. 그래서 초보자는 처음부터 스윙의 기본을, 보통 수준의 골퍼는 자기 나름대로의 연습으로 굳어진 나쁜 버릇을 교정해서 몸을 바르게 쓰는 방법을 찾아내도록 노력해야 한다.

훌륭한 골프 스윙의 모든 것에 공통되는 것 중의 하나는 밸런스이다. 우수한 플레이어는 한결같이 스윙할 때 균형이 잘 잡혀 있고 여유 있는 폴로스루의 자세로 피니시를 하고 목표를 향해 날아가는 공을 바라보고 있는 것을 알 수 있다.

이렇게 균형이 잘 잡힌 자세가 되기 위해서는 폴로스루가 끝난 뒤에 두 팔과 손을 가슴 아래로 다시 끌어내려서 클럽이 하늘로 향하도록 똑바로 세워라. 이것은 백스윙 때 여유 있게 클럽을 끌어올리고 균형을 유지하면서 다운스윙을 할 수 있게 한다. 더우기 스윙의 궤도가 좋아지는 것은 물론이다.

프로의 경기를 지켜보면 그들 대부분이 이런 스윙을 하고 있는 것을 알 수 있다. 우리도 프로처럼 할 수 있다는 확신을 갖자.

체중 이동은 결승 테이프 끊는 것처럼

모든 스포츠에서 몸의 움직임이란 지극히 자연스러워야 한다. 그러면서도 유효적절하게 움직여서 근육 상호간의 연계 동작이 이루어져야 한다.

어느 운동에서나 도구(골프채)를 사용하여 물체(골프공)를 맞혀서 멀리 내보내기 위해서는 절대로 필요한 요소가 체중 이동이다.

골프에서 공을 멀리 보내기 위해서는 왼쪽 허리의 리드가 매우 중요한 역할을 한다. 허리를 쓰지 않고 팔로만 때리면 몸은 그 자리에 멈추고 폴로스루는 작아진다. 허리로 스윙을 리드하면 몸은 끝까지 돌아가게 되는데 이것을 가능케 하는 것이 체중 이동이다.

그런데 보통 수준의 골퍼는 다운스윙 때 적절하게 체중을 왼쪽으로 이동시키지 못한다. 이 동작을 제대로 할 수 있는 요령은 어드레스 때 왼쪽 허벅다리 정면에 결승선의 테이프를 상상해 보라. 그리고 임팩트에서 폴로스루에 이르는 동안 두 다리를 밀어내면서 테이프를 끊는다고 생각하라. 이때 테이프를 끊는 것은 상체가 아니라 허벅다리고 상체는 어드레스 때와 같이 두 팔을 내던져서 스윙이 끝날 때까지 공 뒤에 남아 있지 않으면 안 된다.

직선 타구는 몸을 세운 피니시에서

　어제까지 잘 맞던 타구가 오늘은 제대로 맞질 않는다. 또 오늘은 잘 맞고 있는데 내일은 어떨지 알 수가 없다. 이것이 아마추어 골퍼의 특징이다.

　그런가 하면 오랫동안 슬럼프에 빠져 있는 골퍼도 많다. 그 원인이 악성 훅 때문인 경우도 있다. 나쁜 버릇(구질)을 고치지 않고서는 즐거운 골프를 할 수가 없다.

　문제는 다운스윙에서 하체의 리드가 늦고 어깨가 앞으로 나오면 클럽페이스가 엎어진 상태에서 공을 맞히기 때문이다. 이런 골퍼들은 공을 때리고 나서 허리(엉덩이)를 돌리지 않고 목표 쪽으로 밀어내고 있어서 왼쪽 벽은 무너지고 균형을 잃으면서 허위적거리게 된다.

　이렇게 피니시를 하게 되면 클럽페이스가 목표선과 직각이 된 싯점에서 공을 맞힐 수 있기 때문에 고질적인 악성 훅도 없어질 것이다.

폴로스루서 오른발 끝으로 서라

백스윙 때나 폴로스루에서 발뒤꿈치를 들지 않는 것이 좋다는 의견을 갖고 있는 프로 골퍼도 있다. 즉 백스윙에서는 왼발 뒤꿈치를, 폴로스루에서는 오른발 뒤꿈치를 지면에 붙여 놓는 것이 좋다고 생각하고 있다.

몸이 유연한 프로 골퍼라면 백스윙 때 왼발 뒤꿈치를 붙인 채 충분히 어깨를 돌릴 수가 있겠지만 몸이 딱딱한 아마추어가 왼발 뒤꿈치를 붙인 채 백스윙을 하면 몸을 쓸 수가 없고 팔에 의존하는 스윙이 되고 만다. 그래서 일반 아마추어는 자연스럽게 몸이 돌아갈 수 있도록 왼발 뒤꿈치를 약간 들어올리는 편이 스윙을 크게 할 수 있고 어깨도 잘 돌아가서 몸을 부드럽게 쓸 수가 있다.

폴로스루에서는 오른발 뒤꿈치도 마찬가지이다. 오른발 뒤꿈치를 붙인 채 폴로스루를 하면 몸의 회전이 멎게 된다. 이렇게 몸이 멎게 되면 클럽을 끝까지 내던질 수가 없게 된다. 그래서 폴로스루에서는 오른발 뒤꿈치를 들어올리고 피니시에서는 오른발 끝으로 서는 자세가 되면서 발바닥이 전부 보일 정도가 되어야 한다.

퍼터공은 만들지도 팔지도 않는다

골프공에는 두 가지 종류가 있다. 흔히 말하는 '라지볼'(직경 42.67mm)과 '스몰볼'(직경 41.15mm)이다. 여기서 새삼스럽게 공의 종류나 특성을 말하자는 것은 아니다. 다만 우리들의 잘못된 습성을 바로잡아 보자는 것이다. 골프공에는 위에서 말한 두 가지밖에는 없지만 우리나라에는 또 한 가지의 공이 있다. 바로 '퍼터공'이란 것이다. 우리가 만들어낸 우리만의 골프 용어다. '퍼터공'. 퍼팅 때만 사용하는 전용구를 뜻하는 말이다. 팅그라운드를 떠난 공이 천신만고 끝에 그린에 올라가면 서슴없이 '퍼터공'을 달라는 분부시다. 아예 호주머니 속에 소중히 간직했다 슬며시 꺼내 쓰는 열성파(?) 플레이어도 있다. 말하자면 '퍼터공'의 애용자들이다.

'퍼터공'으로 퍼팅이 잘 된다면야 그럭저럭 애교로 봐줄 수도 있으련만 천만의 말씀이다. '퍼터공'을 쓴다고 퍼팅이 잘 되는 건 아니다. 그저 기분이 그렇고 습관에서 오는 잘못된 행위이다. 골프 규칙에는 '플레이어는 규칙상 다른 볼과 교체하는 것이 허용되는 경우를 제외하고는 팅그라운드에서 플레이를 시작한 볼로 홀아웃해야 한다'고 규정하고 있다(15조 1항).

옛날 골프공이 귀한 시절에 그런 기발한 아이디어가 나왔으리라 믿는다. 그러나 지금은 사정이 다르다. 우리도 골프공을 생산하고 있고 수출까지 하고 있다. R&A와 USGA의 엄격한 심사에 합격한 국제 공인구다. 공값이란 하루의 라운딩에 드는 비용에 비하면 그야말로 '새발의 피'다.

이제부터 우리에겐 '퍼터공'이란 없다. 이것이 골퍼의 참된 자세가 아니겠는가.

슬라이스
Slicing

목표선보다 오른쪽으로 스윙하라

초보자는 말할 것도 없고 보통 수준의 골퍼 중에서도 정도의 차는 있어도 슬라이스 때문에 고민하는 사람이 많다.

여기에는 기술적인 문제도 있지만 골프 스윙의 원리를 제대로 이해하지 못해서 일어나는 경우가 더욱더 많다.

여기서는 슬라이스를 내지 않기 위한 마음가짐을 중심으로 살펴보기로 한다.

슬라이스의 태반은 클럽헤드가 목표선 바깥쪽에서 안쪽으로 들어오면서 임팩트를 맞기 때문이다. 공은 사이드 스핀이 걸려서 왼쪽에서 오른쪽으로 회전하면서 날아가게 된다. 이것이 슬라이스의 특성이다.

공을 똑바로 보내기 위해서는 다운스윙 때 클럽헤드가 목표선상으로 직진하는 스윙이 되지 않으면 안 된다.

그러기 위해서는 우선 다운스윙에서 클럽을 던지는 방향부터 바로 잡을 필요가 있다.

공 앞 목표선 오른쪽에 티를 꽂고 다운스윙 때 클럽헤드가 그 표적 위를 지나간다고 생각하라. 처음에는 너무 밖으로 던지는 것같이 느껴질 것이지만 연습을 거듭하면 스윙 감각을 찾게 되어 바나나볼은 사라질 것이다.

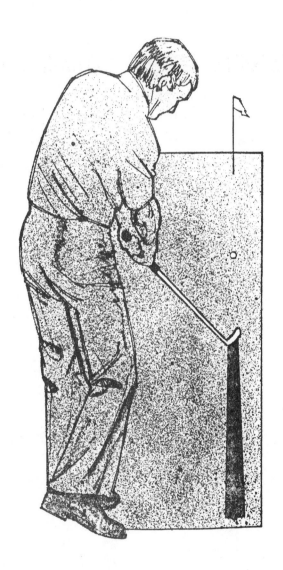

두 팔을 뻗어서 슬라이스를 막자

'테이크백은 직선으로 끌어라'고 여러 번 말했다. 이것은 백스윙의 기본이기 때문이다. 그러나 여기에만 집착하다 보면 백스윙이 지나치게 밖으로 빠지면서 오른쪽 겨드랑이가 떨어지게 되어 중심축이 흔들리고 부자연스러운 몸놀림이 되고 만다.

상습적으로 슬라이스가 나는 사람의 스윙은 클럽헤드를 목표선 바깥쪽으로 들어올리고 내릴 때에도 그와 똑같은 궤도로 내려와서 공을 맞히게 된다. 많은 골퍼들이 이런 병을 고민하게 된다.

이런 때는 두 팔을 모두 뻗어서 백스윙을 하면 매우 효과가 클 것이다.

백스윙 때 두 팔을 뻗으면 클럽헤드가 목표선 안쪽으로 올라가고 다운스윙에서는 목표선 안쪽에서 바깥쪽으로 내려와서 똑바른 타구를 쉽게 할 수 있게 될 것이다.

드디어 지금까지 바깥쪽에서 안쪽으로 들어오던 클럽헤드의 궤도는 교정이 되어 슬라이스도 말끔히 자취를 감추게 될 것이다.

이처럼 두 팔을 뻗는 것을 염두에 두고 백스윙을 하면 직선으로 목표를 향해 날아가는 타구를 할 수 있을 것이다.

스윙 땐 두손과 팔목을 왼쪽으로 틀어라

아마추어는 자기가 갖고 있는 능력이나 체력의 절반도 스윙에 활용하지 못하고 있다. 문제는 골프 스윙을 어떻게 이해하고 파악하느냐는 것이다.

스윙을 바르게 하고 그렇게 하기 위해 노력을 거듭하면 누구든지 프로처럼 힘 있고 아름다운 스윙을 할 수 있다. 프로도 처음에는 아마추어였기 때문이다.

그런데 우리 아마추어 골퍼는 어제도 오늘도 슬라이스에 시달리고 있다. 슬라이스가 나는 원인의 하나는 클럽을 제대로 뿌려주지 못하기 때문이다. 즉 다운스윙 때 두 손과 팔목을 왼쪽으로(시계바늘과 반대 방향) 돌리지 않아서 임팩트 순간 클럽페이스가 직각으로 공을 맞히지 못하기 때문이다.

이 요령을 쉽게 이해하기 위해서는 서머스타트(자동 온도 조절기)를 고온으로 조절하는 동작을 상상하면 될 것이다.

스윙할 때마다 이 간단한 요령, 즉 두 손과 팔목을 왼쪽으로 엎어 돌리면 타구는 곧바로 날아가게 되고 거리는 더욱더 늘어나게 될 것이다.

다운스윙 때 오른팔꿈치를 붙여라

골프 스윙에서 폴로스루를 크게 하라는 말을 자주 듣게
된다. 이것은 어떤 의미에서는 매우 적절한 표현이다. 그것
은 폴로스루를 크게 하기 위해서는 그 앞동작이 좋지 않으
면 안 되기 때문이다. 즉 폴로스루를 크게 하기 위한 노력
으로 인해 다운스윙이 개선되는 경우도 많기 때문이다.

슬라이스를 막기 위해서 다운스윙 때 왼쪽 겨드랑이를 붙
이고 왼쪽 팔꿈치를 굽히라고도 한다. 그러면 폴로스루가
작아지게 되고 모처럼의 헤드스피드에 제동이 걸려 속도는
죽어 버리고 만다.

골프 스윙을 설명할 때 두 팔의 활용에 대해 여러 가지 표
현 방법을 동원한다. 그래서 이해하기 어려운 대목도 많고
혼동하게 된다. 이런 혼동을 제거하는 요령 하나를 알아
두자.

그것은 다운스윙 때 오른손이 몸 앞에 내려올 때까지 오
른손 팔꿈치를 붙여 놓는 것이다. 이렇게 하면 오른쪽 어깨
는 뒤에 남게 되고 클럽헤드는 틀림없이 목표선 안쪽에서
공을 맞히게 되어 슬라이스는 나지 않게 될 것이다.

톱스윙에서 왼쪽 손목을 곧게 펴라

골프는 스윙이 전부라는 말을 여러 번 했다. 스윙에는 여러 가지 과정(동작)이 있다. 그 중의 하나가 코킹이다. 즉 백스윙 때 손목을 꺾는 동작을 말한다. 그런데 이 코킹이라는 낱말 하나가 얼마나 많은 아마추어 골퍼를 혼동시키고 있는지 모른다. 모든 동작에는 방법과 때가 있다. 손목은 좌우 상하 어느 곳으로나 꺾인다. 그러나 골프 스윙에서의 코킹이란 위(엄지손가락이 위로 움직이는)로 꺾는 것만 있을 뿐 좌우의 굴절은 절대로 있어서는 안 된다. 또 그것은 톱스윙에서만 이루어져야 한다.

만성적인 슬라이스병에 시달리고 있는 원인은 클럽페이스가 열린 채 공을 맞히기 때문이라는 것도 여러 번 설명했다.

이렇게 클럽페이스가 열리게 되는 원인은 톱스윙에서 왼쪽 손목을 오른쪽으로 꺾기 때문이다. 이때 클럽페이스는 하늘을 보게 되고 임팩트에서 그것을 직각이 되게 되돌릴 수는 없게 된다.

클럽페이스를 목표선과 직각이 되게 하기 위해서는 톱스윙에서 왼쪽 손목이 곧게 펴질 수 있도록(좌우로 꺾이지 않도록) 손목과 손등 사이를 나무판자로 고정시켜 놓았다고 상상하라. 이렇게 해서 손목이 고정되면 임팩트 때 공을 직각으로 맞힐 수 있게 되어 슬라이스는 사라질 것이다.

슬라이스는 목표를 가깝게 잡아라

아마도 퍼팅이 슬라이스가 나서 고민하는 골퍼는 없을 것이다. 이와 마찬가지로 20~30m의 어프로치샷도 슬라이스는 나지 않는다. 슬라이스란 어느 클럽을 쓰든간에 풀스윙 때만 일어난다.

그렇다면 짧은 것은 바로 가는데 긴 것은 왜 바로 가지 않는 것일까. 이에 대한 대답은 간단하다. 짧은 것은 클럽페이스가 직각이 되도록 바로 맞힐 수 있어도 큰 것은 바로 맞히지 못하기 때문이다.

골프에서의 풀스윙이란 몸 전체를 움직여서 공을 쳐야 하는 것인데 풀스윙 때는 몸의 균형이 무너지거나 타이밍이 맞지 않는 데에 기인한다. 그렇다면 풀스윙도 숏게임 때의 감각으로 때리면 자연스러운 스윙이 되지 않겠는가. 긴 거리란 짧은 거리의 연장이기 때문이다.

몇 번이나 되풀이하는 말이지만 슬라이스의 원인은 대개 임팩트 때 클럽페이스가 열려서 비켜맞기 때문인데 이때에 클럽페이스가 열리지 않도록 하기 위해서는 공 바로 앞에 진흙더미가 있다고 가상하고 클럽헤드를 그 곳에 처박는다는 기분으로 내던져라. 다시 말하면 목표를 200m라는 먼 곳에 두지 말고 2m 앞이 목표라고 생각하고 클럽을 그 곳으로 자신 있게 내던지라는 것이다.

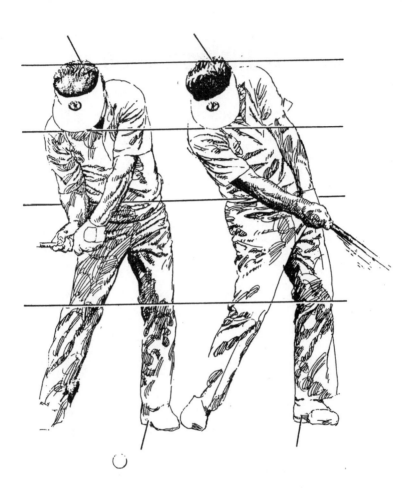

무릎 히프 어깨가 목표선과 평행되게

골프의 이론이란 모두가 어떻게 하면 공을 정확하게 맞힐 수 있는가에 대한 방법을 제시하는 것이다. 그런데 '정확하게'라는 말이 쉬운 것 같으면서도 여간 어려운 말이 아니다. 클럽페이스가 직각인 상태에서 공을 맞힐 때에만 정확하게 공을 맞힐 수 있다는 이론적인 표현은 성립된다.

그러나 공을 정확하게 맞힌다는 말 자체가 결과를 놓고 하는 말이니 다시 한번 우리는 이 애매모호한 표현에 실망을 느낀다.

골프를 배우면서 '스퀘어'라는 말을 자주 듣는다. '직각'이라는 뜻인데 다분히 기하학적인 표현이다. 그런데 이 말 속에는 남지도 모자라지도 않는다는 의미도 내포되어 있다. 남는 것도 모자라는 것도 없으니 이 얼마나 정확하단 말인가.

임팩트 때 공을 정확하게 맞히려면 그 과정이 정확하지 않으면 안 된다. 일반 아마추어가 그 과정을 보다 정확하게 할 수 있는 것이 스퀘어이다. 그립도, 스탠스도, 임팩트도 스퀘어로! 그래서 무릎도, 엉덩이도, 어깨도 모두 좌우 대칭이 되어 목표선과 평행되도록 하자. 무리없는 스윙의 기본——모든 것을 스퀘어로. 정확하게 공을 맞히기 위해서이다.

'몰간'은 첫홀의 티샷만으로 족하다

정식 경기가 아닌 친구들 사이의 플레이에서 상대방이 미스샷이 났을 때 이를 위로(?)하기 위해 공을 다시 치게 하는, 흔히 말하는 '몰간'이란 게 있다. 정확하게는 '몰간'이 아니라 '멀리건'이 맞는 말이다. 이 '멀리건'이라는 말은 이렇게 해서 탄생되었다.

즉 1920년경 캐나다에 데이비드 멀리건(David Mulligan)이라는 호텔 종업원이 있었다. 골프광인 그는 좀처럼 골프를 즐길 만한 시간이 없었지만 어쩌다 시간이 나면 골프장으로 달려갔다. 몸을 풀 겨를도 없이 첫 홀에서의 플레이는 시작되었다. 그러나 준비 운동 하나 없는 티샷이 제대로 맞을 리 없고 결과는 뻔한 일이다. 어김없이 이 첫홀에서의 티샷은 미스샷이다. 그는 태연하게 다른 공 하나를 티 위에 올려놓고 다시 때렸다. 이렇게 해서 정상적인 라운딩은 계속되었다.

그의 기발한(?) 플레이 방법은 삽시간에 동료들 사이에 퍼지고 드디어 모든 골퍼들에게까지 알려지게 되어 첫홀에서 티샷이 미스샷이 났을 경우 '멀리건'의 방식대로 다시 치는 관습이 생겨났다. 이것을 그의 이름대로 '멀리건'이라고 부르게 되었다고 한다.

첫홀의 티샷이 제대로 안 맞는 것은 어디 멀리건 하나뿐이겠는가. 우리 아마추어 골퍼는 대개가 그렇다. 그래서 평소에 연습장의 단골 손님이 늘어나는 것이 아니겠는가. 친구들끼리의 플레이에서는 있을 수도 있는 '멀리건'의 공은 그렇게 밉지만은 않은 너그러운 미덕(?)일 수도 있지 않은가.

'몰간'의 애용자들이여! 이제부터 '멀리건'은 첫홀의 티샷에만 적용하는 것이 어떨지(물론 이것은 룰 위반이지만).

퍼 팅
Putting

숏 퍼팅은 과감하게 때려라

굳이 톰 왓슨의 말을 빌지 않아도 퍼팅은 시합의 반을 차지하고 훌륭한 퍼팅이 스코어를 줄인다는 것은 의심할 여지가 없다는 말은 우리 모두가 잘 알고 있는 사실이다.

그러나 일반 아마추어들은 우드샷이나 아이언샷은 골프이고 퍼팅은 골프가 아닌 것처럼 등한시하는 경향이 많다.

아무리 골프가 거리의 경기라고는 하지만 200m 의 드라이버샷이나 1m 의 퍼팅이 똑같은 1스트로크의 가치를 지니고 있으니 어찌 퍼팅을 소홀히 할 수 있단 말인가.

퍼팅에는 기본 폼이 없다고 말한다. 그러나 자기 나름대로의 폼은 굳어 있어야 한다. 어제와 오늘의 폼이 달라도 좋다는 말은 아니다. 어떤 모습으로 공을 때린다 해도 언제 어떠한 상황에서도 흔들리지 않는 자기의 폼은 갖고 있어야 한다.

짧은 거리의 퍼팅은 반드시 공을 확실하게 때려야 한다. 숏 퍼트 실수의 대부분은 공을 때리는 방법이 이것도 저것도 아닌 불완전한 상태에서 공을 맞히기 때문에 일어난다. 공을 때린다기보다는 밀어내기 때문이다.

지도자의 '힘껏 때려 넣어라!'라는 구령에 맞추어 퍼트는 당당하게 때려야 한다.

퍼팅은 라인을 바로 볼 줄 알아야

골프 게임에서 샷을 살리는 것도 망치는 것도 퍼팅에 달려 있다. 같은 보기를 해도 퍼팅을 미스했을 때에는 샷을 미스했을 때와는 스코어상으로는 같은 1스트로크지만 기분상으로는 큰 차이가 있다.

아무리 좋은 샷을 하더라도 퍼팅을 놓치면 모든 것이 물거품이 된다.

퍼팅을 미스했을 때에는 심리적으로도 위축된다. 샷의 미스는 쉽게 잊어버릴 수가 있지만 퍼팅의 미스는 뒤에까지 오래도록 영향을 미친다.

이토록 중요한 퍼팅인데 제아무리 스트로크가 좋다 해도 목표선에 맞추어서 때리지 못하면 아무 소용도 없다.

그린 위에서는 공이 홀컵에 들어갈 수 있는 길이란 한 길밖에 없다. 그래서 그 길을 바로 볼 줄 알아야 한다. 즉 라인을 바로 보자는 것이다.

머리와 두 눈을 공 뒤에다 놓고 퍼팅 자세를 잡으면 홀까지의 길을 한 눈에 볼 수 있을 뿐만 아니라 공을 부드럽게 때리기가 쉬워진다. 공 뒤에서 목표선을 확실하게 바라볼 수 있는 요령은 마치 총신을 통해서 홀컵을 겨냥한다고 생각하라.

숏 퍼팅은 풀잎 하나만 겨냥해야

유명 프로들은 코스를 공략할 때 점에서 점으로 이어간다. 250m의 드라이버샷도 페어웨이 어느 한 지점이 목표가 된다. 골프 코스는 넓은 땅을 이용해서 마구잡이로 만들어지는 것은 아니다.

다음 샷을 위한 최적의 지점이 있도록 설계되어 있게 마련이다. 이것이 코스 설계자의 방어 능력이다.

그런데 아마추어들은 어떤가. 거리도 방향도 상관하지 않는다. 되도록이면 멀리 페어웨이 어느 한 구석에라도 공이 있으면 다행이다. 프로의 플레이가 점이라면 아마추어의 목표는 페어웨이 전체를 대상으로 삼는다.

연습 방법도 다르다. 프로들은 250m 지점에 자동차 타이어를 놓고 드라이버샷을 한다. 아마추어는 연습 때에도 목표가 없다. 있다면 50m 폭의 페어웨이 전체가 목표가 된다. 이 얼마나 엄청난 차이인가. 이처럼 평면의 플레이가 점의 플레이로 바뀔 때 비로소 훌륭한 골퍼가 될 수 있다.

그런데 어느 것 하나도 프로를 따라갈 수 없는 것이 아마추어의 골프이다. 그러나 퍼팅만은 다르다. 노력 여하에 따라서는 프로를 능가할 수도 있다.

숏 퍼팅만이라도 점을 목표로 하는 플레이를 해 보자. 숏 퍼팅은 단순히 홀을 겨냥해서는 안 된다. 홀컵 뒤쪽 가장자리에 보이는 풀잎 하나를 골라서 그 곳에 조준을 맞추고 목표로 삼자. 그리고 자신 있게 때리자.

롱 퍼팅은 거리감을 먼저 잡아라

골프 게임이란 드라이버샷을 제아무리 멀리 보낸다 해도 스코어를 줄이는 기술이 없으면 즐거울 수가 없다. 이 스코어를 마무리하는 것이 퍼팅이다. 각 홀의 파 산정은 그린 위에서의 퍼팅 수를 2 스트로크를 기준으로 하고 있다.

아마추어는 1 라운드에서 두세번의 스리퍼트를 경험하게 된다. 퍽 애석한 일이 아닐 수 없다. 특히 많은 골퍼가 먼 거리에서의 퍼팅에 애를 먹고 있는 것은 퍼터를 자연스럽게 흔들어주지 못하는 데에 그 원인이 있다. 대개 백스윙이 짧고 공을 때릴 때에는 힘을 넣어 리듬이 무너져서 엉뚱한 결과를 낳게 된다. 롱 퍼팅은 방향이 아니라 거리를 맞추지 못하는 것이 문제이다.

거리감을 좋게 하기 위해서는 연습을 통해서만 가능하다. 연습 그린에서 퍼팅을 할 때 홀을 바라보고 때리는 연습을 하라. 즉 어드레스를 하고 나면 홀에 시선을 집중시키고 공을 때릴 때에도 눈을 떼지 말고 공이 굴러가는 것을 지켜보라. 그래서 거리감을 찾아라.

퍼터를 뒤로 끌었다가 앞으로 내미는 스윙은 시계추처럼 같은 속도로 움직이는 것이 좋다. 이 연습은 거리를 판단하는 눈을 좋게 하고 자기 감각에 자신을 갖게 되어 스리퍼트는 줄어들게 될 것이다.

낯선 그린에선 천막을 상상해 보라

골프 코스의 마지막 보루는 그린이다. 쉽게 공략당하지 않기 위해서 여러 가지 형태로 방어벽을 쌓고 있다. 때로는 내리막의 경사로, 때로는 잔디의 결(눈)로, 때로는 그린의 크기로 골퍼를 괴롭힌다. 그린이란 거실의 카페트처럼 평탄한 곳은 한 군데도 없다. 자주 플레이하는 코스에서는 그럭저럭 익숙해져서 그린의 어려움을 덜 겪게 되지만 처음 플레이하게 되는 코스에서는 사정이 좀 다르다.

낯선 그린에서 퍼팅 수를 줄이기 위해서는 어떤 상상력을 동원하는 것도 하나의 방법이다.

틀림없이 어느쪽으로 흐르리라고 판단했던 퍼팅이 정반대 방향으로 흐르는 것을 경험하게 되는데 이것은 주위의 지형에 눈이 현혹되어 착각을 일으키기 때문이다. 이러한 그린의 형세 판단은 멀리서 바라보는 것이 한결 도움이 된다.

그린에 다가갈 때 그린 전체가 완전히 덮여 있는 천막 쪽으로 걸어가고 있다고 생각해 보라. 즉 두 손을 들어 눈 위을 삼각형으로 가려서 마치 천막이 그린을 덮고 있는 모습을 상상해 보라. 그러면 외부의 장애물은 사라지고 그린의 경사나 기복이 좀더 명확해질 것이다. 이렇게 하면 처음 플레이하는 코스에서도 스리 퍼트는 적어지게 될 것이다.

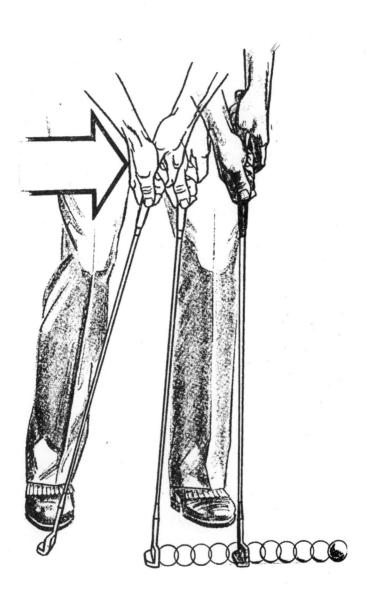

퍼팅도 백스윙만큼 폴로스루를 하라

골프란 거리와 방향의 경기이다. 그래서 아마추어는 오늘도 연습장의 단골 손님이 된다. 더구기 그린 위에서 거리와 방향이 맞는다면 어떤 일이 일어날 것인가.

여러분의 상상에 맡긴다. 아마도 골프란 재미없는 스포츠가 될 것이고 흥미는 사라질 것이다.

안정되지 않고 기복이 심한 퍼팅 때문에 고민도 하게 되고 노력도 하게 된다.

이러한 현상은 대개 공을 때릴 때 퍼터헤드의 스피드가 감소되기 때문이다.

퍼팅에도 임팩트는 있다. 임팩트 때 두 팔이 지나치게 느리게 내려오거나 멎어 버리면 왼쪽 손목이 꺾여서 퍼터페이스가 흔들리게 되어 젖혀지거나 엎어지게 된다. 이런 상황은 꼭 넣지 않으면 안 된다고 생각되는 짧은 거리에서 자주 일어난다.

이럴 때에는 퍼터의 그립을 왼쪽 무릎을 지나 목표 쪽으로 보낸다고 생각하라. 즉 백스윙의 크기만큼 폴로스루를 해줘라.

퍼팅한 공은 느린 속도로 오래 굴러가는 것이 좋다. 이렇게 폴로스루를 하면 공을 때릴 때 퍼터헤드의 스피드가 가속되어서 정확히 공을 맞힐 수 있게 되고 퍼팅이 한결 안정되게 될 것이다.

퍼팅 라인을 잘 보려면 오픈 스탠스로

아마추어의 골프는 모든 것이 스퀘어가 기본이라는 말을 했다. 드라이버에서 퍼터에 이르기까지.

지금도 이 원리에는 변함이 없다. 그런데 그린은 골프의 마지막 공격 목표이다. 그린에서만은 수단 방법을 총동원해서 최선을 다해야 후회 없는 하루가 된다. 퍼팅이란 아무리 공을 잘 때려도 홀컵까지의 퍼팅 라인을 바로 보지 못하면 아무런 도움이 되지 못한다. 그래서 퍼팅의 명수 중에는 오픈 스탠스를 취하는 경향이 늘어나고 있다. 퍼팅 라인을 정확하게 보기 위해서이다.

가장 유명한 사람은 리 트래비노와 채크 니클로즈이다. 이들은 두 발이 홀 왼쪽을 바라보는 오픈 스탠스를 하고 있다. 샘 스니드는 특유한 방식으로 홀을 정면으로 마주보고 퍼팅한다.

물론 우수한 플레이어 중에도 스퀘어 스탠스를 취하는 사람은 많다. 오픈 스탠스로 퍼팅할 경우 많은 잇점도 있다.

즉 왼쪽이 비어 있는 자세는 목표를 보기가 쉬워진다. 두 눈은 목표선 위에 있게 되고 더욱 공 뒤에 시선을 고정시킬 수 있기 때문에 목표를 겨냥하기도 쉽고 정확하게 거리감을 잡을 수가 있다. 또한 퍼터헤드를 지면에 낮게 스윙할 수가 있어서 백스윙 때 급히 들어올리는 결점을 보완할 수도 있다.

퍼팅 감각 익히려면 눈 감고 연습하라

아마추어가 연습공을 치는 반의 열성만이라도 퍼팅 연습에 할애한다면 누구나 퍼팅의 명수가 될 것이다. 그러나 퍼팅 연습에 많은 시간을 보내는 아마추어는 적다. 퍼팅이란 쉬운 것이라고 생각하기 때문이며 아마추어는 핸디캡을 갖고 플레이한다는 안이한 생각이 앞서기 때문이다. 옳은 말이다. 그러나 그린 위에서는 핸디캡이란 존재하지 않는다. 단 한 치의 오차도 허용되지 않는 것이 그린 위에서의 승부이다. 그러니 어찌 퍼팅을 소홀히 할 수 있단 말인가.

골프 인구만큼 퍼팅 스타일이 많다고 해도 과언은 아니다. 그러나 퍼터의 명수에 공통되는 두 가지 기본이 있다.

즉 ① 그립을 아주 가볍게 쥔다. ② 백스윙과 포워드스윙의 속도와 길이가 같다.

이 두 가지 원리를 마음 깊이 새기고 손으로 느끼면서 연습할 때에는 홀컵에 넣기보다는 퍼팅 감각을 익히는 데 주력하라. 퍼팅 감각을 찾기 위한 한 방법의 하나로 눈을 감은 채 퍼팅을 계속하고 방향과 거리의 감각을 찾아내는 데 주력하라. 그래서 거리와 방향에 대한 예측과 판단력을 길러라. 거리를 바꾸어가며 이런 방법으로 연습하면 퍼팅이 급속도로 좋아지는 데 놀랄 것이다.

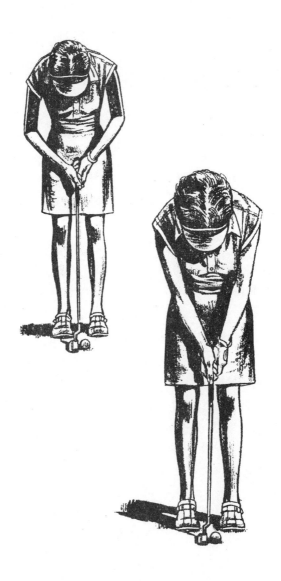

퍼터가 길면 아까와 말고 잘라라

아마추어가 공을 제대로 맞히지 못하는 데에는 기술의 미숙도 있지만 자기가 쓰고 있는 골프 클럽에도 문제가 있다. 특히 초보자인 경우에는 그 결과가 심하게 나타난다.

골프채란 값이나 재질을 떠나 우선 자기 몸에 맞는 클럽이란 길이 무게 각도 등 여러 가지 측면에서 생각할 수 있다. 그러나 자기 몸에 맞는 클럽을 고르기란 쉬운 일이 아니다. 그만큼 우리에게는 선택의 폭이 좁기 때문이다.

그러면서도 손쉽게 몸에 맞출 수 있는 것이 퍼터이다. 클럽이 길면 짧게 잡으면 된다. 그러나 퍼터란 몸에 붙여서 때리는 것이기 때문에 길면 거추장스럽고 오히려 스윙에 방해가 된다.

너무 긴 퍼터를 사용하고 있다는 이유 때문에 퍼팅이 서투른 사람이 많다. 퍼터가 길면 왼쪽 손목이 꺾이고 두 팔도 팔꿈치가 굽는 자세가 되기 때문에 두 팔과 두 어깨가 목표 쪽으로 자유롭게 스윙할 수가 없게 된다. 그래서 퍼터의 샤프트를 자기 몸에 맞게 잘라 버려라. 그러면 두 팔이 자연스럽게 펴지고 왼쪽 손목도 꺾이지 않게 될 것이다.

누구에게나 꼭 맞는 길이의 스커트나 바지가 없듯이 퍼터도 이와 마찬가지이다. 길면 긴만큼 아낌없이 잘라 버려라.

내리막 라인서는 퍼터 끝으로 때려라

　그린이 좌우 어느쪽으로도 쏠리지 않고 똑바른 라인은 거의 없다. 그런데 잔디의 결은 그린에 올라가 보지 않고서는 알 길이 없지만 그린 경사는 그린 밖에서 관찰하는 것이 전체의 형상을 파악하는 데 도움이 된다는 말을 했다. 그래서 그린의 상태는 이미 어프로치샷의 싯점에서 판단해야 하는 것이다. 즉 핀을 중심으로 전후좌우 어느쪽의 경사가 심한가에 따라서 어프로치샷의 목표가 결정되기 때문이다. 그러나 이것 또한 마음대로 되지 않는 것이 아마추어 골퍼의 약점인 동시에 퍼팅의 고민은 시작된다.

　퍼팅 라인은 같은 거리라면 내리막보다는 오르막 라인이 퍼팅하기가 쉽다. 쉽다고 해서 항상 오르막 라인에 공을 보낼 수 있는 기회가 적은 것은 이 또한 아마추어의 실력 탓이리라. 말하자면 그린 위에서의 트러블샷이라고 말할 수가 있다.

　빠른 그린의 내리막 라인의 퍼팅은 우리를 괴롭힌다. 살짝 쳤는데도 어느새 공은 쏜살같이 홀컵을 지나 치나마나의 거리까지 굴러간다. 물론 가볍고 부드럽게 때려야 하나 이 타법에는 숙달된 기술이 필요하다. 이런 때에는 퍼터의 중심으로 때릴 것이 아니라 퍼터의 앞부분으로 때려라. 그러면 공은 천천히 경사면을 따라 굴러가게 되고 이에 필요한 적당한 힘이 어떤 것인가를 알게 될 것이다.

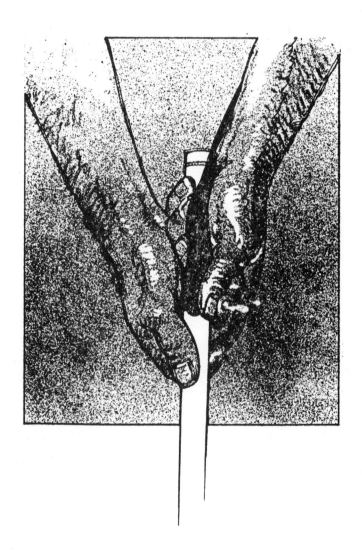

손목으로 하는 퍼팅은 미스샷의 원인

골프 게임에서 빨라서 좋은 것은 플레이하는 시간뿐이다. 그렇다고 마라톤 선수처럼 뛰면서 플레이하라는 말은 아니다.

일정한 템포와 리듬은 필요한 것이며 지나치게 느린 플레이를 하지 말라는 뜻이다. 그러나 빠르면 좋지 않은 결과를 가져오는 것도 있다. 일반 아마추어의 스윙이다. 충분한 연습량이 모자라는 아마추어는 몸이 빠른 스윙을 따라갈 수 없기 때문이다. 그런데 스윙을 빨라지게 하는 요인의 하나가 코킹이다. 손목을 꺾으면 절대로 스윙을 천천히 할 수가 없게 된다. 정확한 방향이 요구되는 숏 게임에서는 말할 것도 없거니와 고작 코피잔만한 넓이밖에 허용 오차가 없는 퍼팅은 방향이 생명이다. 손목을 쓰게 되면 스퀘어로 공을 맞힐 수 없게 되어 공이 바로 가지 않는다.

손목을 많이 쓰는 퍼팅 방법은 때때로 공이 오른쪽으로 굴러가는 미스샷의 원인이 된다. 이런 때에는 그립을 약간 고쳐잡는 것만으로 문제를 해결할 수 있다.

왼손 엄지손가락을 왼쪽으로 약간 돌려서 왼손이 샤프트의 뒤쪽으로 돌아가게 하라.

그러면 손목을 쓰지 않게 되고 퍼터헤드는 목표선을 따라 곧바르게 움직이는 공을 때릴 수가 있을 것이다.

'버디'는 1899년 미국서 처음 기록

골프의 스코어는 분명히 1, 2, 3 … 등 아라비아 숫자로 기록된다. 그러면서도 기준 타수 파를 기준으로 부르는 명칭이 따로 있어 플레이어의 관심과 흥미는 더해진다. 스코어 카드에 기록된 숫자가 같은 4라도 파 5인 홀에서의 4와 파 3인 홀에서의 4는 하늘과 땅만큼 큰 차의 의미를 갖는다.

골프 역사상 처음으로 100을 깬 것은 1767년 이라고 하니 골프가 창안되고 300년 후의 일이다. 100을 깬 첫번째 기록은 94 였으나 이 기록은 그 후 86년 동안 깨어지지 않았으니 옛날도 아주 옛날의 사건(?)이다.

스코어가 숫자 대신 별칭으로 불려진 것은 19세기 말부터이다. 당시 영국에서는 기량이 훌륭한 플레이어가 기록한 타수를 보기(Bogey)라 부르고 각 홀의 기본 스코어(ground score)로 삼게 되었다. 말하자면 지금의 파 (Par)와 같은 것이다.

스코어의 별칭에 새와 관련된 이름이 많은 것은 골퍼에게 기쁨과 희망을 준다. 파보다 1 타 적은 스코어가 처음 기록된 것은 1899년 미국에서의 일이다. 파 4 (350야드)의 홀에서 티샷을 하고 나니 남은 거리는 165 였다. 제 2 타는 놀랍게도 핀 6 인치(15cm)에 달라붙었다. 이것을 본 동료 한 사람이 '그것은 마치 새(Bird)가 날아가 앉은 것 같은 환상의 1타'라고 소리쳤다. 이때부터 파보다 1 타 적은 스코어를 '버디'(Birdie) 라는 애칭으로 불려지게 되었다.

새에 비유한 연유의 파보다 2타 적은 것은 '이글(Eagle 독수리)로, 3타가 적은 것은 '앨바트로스'(Albatross 信天翁)로 명명되었다. 스코어의 숫자가 적을수록 먼 거리를 날 수 있는 큰 새로 비유한 것은 참으로 재미있는 발상이다. '앨바트로스'라 는 새는 미국 대륙을 횡단한다 는 신화적인 새이나 지금은 '앨바트로스' 대신 '더블 이글'이라 부르고 있다.

어프로치샷
Pitching & Chipping

어프로치샷은 감에 의존해야 한다

어프로치샷이란 아마추에게는 대개의 경우 티샷에서부터 그린 사이에서 일어나는 미스샷을 보완하는 일종의 핸디캡 샷이라고 말할 수 있다. 즉 파 플레이를 위한 마지막 기회이다. 아니면 1스트로크를 건질 수 있는 절박한 순간이다.

정규 타수대로 그린에 올릴 수만 있다면 극도로 마음의 부담을 느껴야 하는 마무리샷은 필요치가 않을 것이다.

그러나 100야드 이내의 어프로치샷을 많이 해야 하는 상황에 부딪히게 되는 것이 아마추어의 실태이다.

어프로치샷에는 크게 나누어 세 가지 방법이 있다. 높이 떠서 백스핀이 걸리는 피치샷, 그린이나 그린 가까이 떨어뜨려서 굴러가는 칩샷, 처음부터 핀을 보고 굴리는 러닝어프로치 등이다.

물론 그린 주변의 상황이나 공이 놓여 있는 상태에 따라 타법을 달리 해야 하는 것은 말할 것도 없다.

어프로치샷은 어떤 샷보다도 거리와 방향의 정확성을 요구하는 샷이다. 100야드 이내의 거리에서도 다른 아이언 클럽처럼 거리별로 사용할 수 있는 클럽이 따로 있다면 문제는 간단하게 해결될 것이다. 그러나 그렇지가 못하니 자연히 거리를 조절하는 컨트롤샷에 의존할 수밖에 없게 된다. 컨트롤샷은 부단한 연습을 통해서 몸에 기억시키는 방법밖에 없다. 즉 감각에 의한 컨트롤만이 숏 게임을 마스터하는 지름길이다.

피치샷 땐 클럽헤드를 가속시켜라

그린 앞에 벙커 같은 장애물이 있을 때에는 피치샷으로 공을 높이 띄우지 않으면 안 된다. 높이 솟아오른 공은 장애물을 넘어 그린 가까이 떨어져서 백스핀이 걸리기 때문에 구르지 않는 것이 특징이다.

모든 컨트롤샷이 그렇듯이 거리를 조절하는 데에는 때리는 힘에 의한 방법과 백스윙의 크기에 의존하는 방법이 있다.

그런데 거리의 조절은 백스윙의 크기로 하는 것이 힘으로 조절하는 것보다 한결 수월하고 정확하다. 다만 이때에 명심해야 할 것은 백스윙의 크기만큼 폴로스루를 해야 한다는 것이다.

흔히 백스윙이 작으면 폴로스루를 하지 않고 임팩트 순간 클럽을 멈추어 버리는 경향이 있다.

그래서 높은 궤도의 피치샷을 할 때에는 어린이 대공원에 있는 롤러코스터(활주 궤도차)의 움직이는 모습을 상상해 보라.

백스윙 때 클럽헤드를 보통 때보다 약간 위로 들어올리고 다운스윙에서는 롤러코스터가 급강하할 때처럼 클럽헤드의 무게를 점점 무겁게 느끼는 감각으로 공을 때려야 한다.

다시 한번 강조하지만 반드시 폴로스루를 하고 피니시를 높게 해야 한다는 것을 잊지 않도록 명심하자.

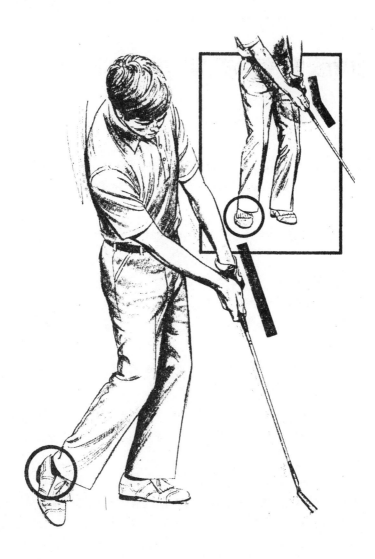

칩샷, 피치샷 땐 오른발 뒤꿈치를 틀라

스탠스는 거리에 비례한다. 거리가 짧아짐에 따라서 스탠스도 좁아진다. 스탠스가 좁으면 스윙을 크게 할 수가 없게 된다. 백스윙도 자연히 작아지고 거리를 조절하기가 쉬워진다. 숏 게임에서 스탠스가 넓으면 거리 컨트롤이 어렵고 무릎도 제대로 들어가지 않아서 손으로만 때리는 타법이 되기 쉽다. 공을 높이 띄워야겠다는 생각이 앞서면 손으로 긁어 떠올려치는 스윙이 되기 쉽다.

어프로치샷이란 클럽헤드를 무릎으로 내보낸다고 생각하라.

그린을 향해서 하게 되는 어프로치샷이 피치샷이나 칩샷인데 이때 뒤땅을 쳐서 거리가 짧아지거나 공머리를 때려서 그린을 넘기는 경우를 흔히 경험하게 된다. 이런 일이 일어나게 되는 원인은 임팩트 때 클럽헤드가 두 손보다 먼저 앞으로 나가기 때문이다.

이러한 미스샷이 일어나지 않게 하기 위해서는 어드레스 때 두 손이 클럽헤드와 일직선이 되게 하고 체중은 왼쪽에다 놓아라.

다운스윙에서는 반드시 오른발 뒤꿈치를 지면에서 떼고 폴로스루에서는 오른발 엄지발가락으로 균형을 잡도록 하라. 그러면 두 손으로 클럽헤드를 리드하면서 공을 위에서 아래로 내려칠 수 있게 될 것이다.

칩샷, 피치샷은 큰 각도로 내려쳐라

칩샷과 피치샷 때 사용하는 클럽은 피칭웨지나 샌드웨지이다. 로프트가 가장 큰 클럽들이다. 칩샷이나 피치샷은 공을 떠올려서 하늘 높이 띄워야 한다고 생각하는 골퍼가 많다. 그래서 이들은 로프트를 죽이고(공을 오른발 앞에 놓고) 클럽헤드를 낮게 끌어서 공을 긁어치고 있는 것을 흔히 볼 수 있다. 이런 식으로 공을 치게 되면 뒤땅을 치거나 공머리를 때리게 되는데 이 같은 현상이 일어나는 것은 클럽 때문이 아니라 공을 손끝으로 떠올리려고 하기 때문이다. 공을 뜨게 하는 일은 클럽이 해 준다. 골퍼는 단지 클럽을 바른 길로 운반하는 일만 하면 되는 것이다.

칩샷이나 피치샷의 가장 효과적인 타법은 공을 위에서 내려쳐야 한다. 그러나 많은 골퍼들은 백스윙 때 클럽헤드를 과감하게 끌어올리지 못하기 때문에 다운스윙에서 아래로 내려칠 수 없게 된다.

아래로 내려치는 타법을 익히는 가장 좋은 방법은 공 뒤 20cm지점에 또다른 공 하나를 놓고 연습하는 방법이다.

이렇게 하면 백스윙 때 클럽헤드를 급각도로 들어올리게 되고 다운스윙 때에는 공을 위에서부터 내려치지 않을 수 없게 된다. 골프 스윙에서 클럽헤드는 반드시 백스윙 때 올라간 궤도를 따라 내려온다는 사실을 잊어서는 안 된다.

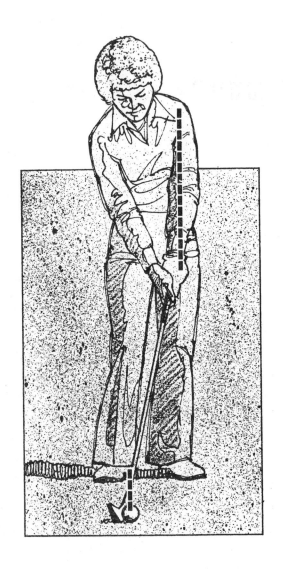

칩샷은 공을 오른쪽에 놓고 끊어쳐라

핀까지의 거리가 20~30m 남아 있고 핀이 그린 뒤쪽에 있을 때 칩샷은 가장 효과적인 공략 방법의 하나이다. 칩샷이란 피치샷과 러닝어프로치의 특성을 살린 혼합형의 타구이다. 말하자면 공을 어느 정도 뜨게 했다가 떨어지면서부터는 굴러가게 하는 기술적인 어프로치샷이라 할 수 있다.

띄우자니 당연히 클럽은 로프트가 큰 것(피칭웨지나 9번 아이언)을 잡게 되고 굴리자니 공은 오른쪽에 놓을 수밖에 없게 된다.

그런데 칩샷을 제대로 하지 못하기 때문에 스코어를 줄이지 못하는 골퍼가 많다. 이렇게 칩샷이 서툰 원인은 공을 너무 왼발 쪽으로 가깝게 놓고 손목을 많이 쓰기 때문이다. 컨트롤샷이란 모든 것이 작아져야 한다. 클럽도 스탠스도 스윙도……. 그렇다고 특별한 기술이 필요한 것도 아니다. 다만 요령만 알면 그렇게 쉽고 정확할 수가 없다.

칩샷은 약간 오픈 스탠스로 공을 오른발 앞에 놓고 클럽의 그립 끝이 왼쪽 어깨 바로 밑에 오도록 하라. 백스윙 때 손목을 꺾지 말고 짧게 끊어쳐라. 그러면 놀라울 정도로 정확하게 공을 맞힐 수 있게 되어 그린 근처에서의 타수가 훨씬 줄어들게 될 것이다.

피치 앤드 런샷 땐 어깨로 스윙하라

골프 스윙에서 코킹은 매우 중요한 힘을 발휘한다. 그러나 이와는 반대로 코킹은 의도하는 타구를 방해하는 요인으로 나타날 때도 있다. 칩샷이 바로 그것이다. 칩샷은 절대로 손목을 써서는 안 된다. 손목을 쓰게 되면 백스핀이 걸려서 거리가 짧아지는 경우가 많기 때문이다. 또한 손목을 쓰게 되면 스윙을 느리고 여유 있게 할 수가 없다. 손목에 의존하는 사람의 스윙은 틀림없이 빠르다. 스윙이 빠르다고 해서 훌륭한 플레이어가 없다는 것은 아니다. 그러나 초심자를 포함한 일반 아마추어는 숏 게임 때 손목을 쓰지 않는 것이 보다 편하고 정확하다.

그래서 피치 앤드 런샷에서는 두 손과 손목을 한 덩어리로 묶어두고 어깨로 백스윙을 시작하라. 즉 어드레스 때 두 어깨와 그립 사이에 형성된 삼각형을 무너뜨리지 말고 클럽을 들어올리고 공을 때리고 난 뒤에도 그대로 유지하라.

이때 거리는 백스윙의 크기로 조절하지만 피치샷과는 달리 폴로스루는 하지 않는 것이 좋다. 폴로스루를 하게 되면 백스핀이 걸려서 공은 굴러가지 않기 때문이다.

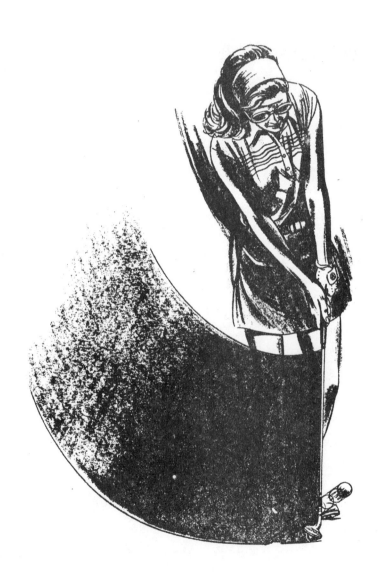

어프로치샷 땐 손과 손목 힘을 빼라

골프에서 손에만 의존하는 샷은 금물이다. 장애물 때문에 정상적인 샷을 할 수 없는 경우를 제외하고는 절대로 해서는 안 되는 타법이다.

골프 스윙이란 크고 작고간에 이에 상응하는 몸(근육)의 움직임이 뒤따르지 않으면 결정적인 순간에 위닝샷을 기대하기는 어렵다.

골프 게임은 그린에 가까와질수록 어려워진다. 목표 범위가 페어웨이 그린 홀컵의 순으로 점점 좁아지기 때문이다.

그런데 어프로치샷은 홀컵을 겨냥해서 승부를 거는 마지막 타구이다. 거리와 방향은 말할 것도 없거니와 구질이 문제가 된다. 이러한 어프로치샷의 3요소를 충족시킬 수 있는 것이 '미니 스윙'이다. 우리가 알고 있는 하프 스윙 정도로 생각해 두자.

그러나 스윙은 작아도 있을 것은 다 있어야 한다. 체중 이동도, 허리의 회전도, 무릎의 움직임도……다만 정도의 차이만 있을 뿐이다. 또한 스윙을 컨트롤하기가 쉽다는 것뿐이다.

이때 가장 중요한 것은 클럽헤드의 무게로 공을 쳐야 한다는 사실이다. 헤드의 무게를 느끼기 위해서는 손과 손목의 힘을 완전히 빼라. 이 요령은 벙커샷에서도 결정적인 도움이 될 것이다.

숏 게임선 비를 쓸듯 때려라

어프로치샷이란 회생의 순간을 가름하는 숙명적인 샷이다. 그래서 긴장한 나머지 몸은 굳어버리고 마음은 급해지게 된다. 이런 때일수록 꼭 지켜야 할 두 가지 철칙이 있다.

즉 스윙이 빨라지지 않도록 부드럽게 해야 할 것과 손목을 쓰지 말아야 한다는 것이다.

숏 게임은 퍼터로도 닿을 수 있는 짧은 거리에서의 컨트롤샷이다. 손으로 공을 잡고 짧은 거리의 목표로 던질 때 어떻게 던지는 것이 정확하겠는가.

물론 토스가 가장 정확하다. 이때 손은 자연히 목표로 향하게 될 것이다. 숏 게임도 이와 마찬가지이다.

손으로 토스하는 일을 클럽페이스가 대신해 준다. 공을 치고 나서 클럽페이스를 목표 쪽으로 던지면 방향만은 정확하다. 이렇게 클럽헤드를 목표 쪽으로 던질 수 있게 하려면 손목을 쓰지 말아야 한다.

자루가 긴 비를 이용해서 피칭과 피치샷 연습을 하면 손목을 쓰지 않게 되어 숏 게임의 결점을 일소할 수가 있을 것이다. 자루 끝을 왼팔 안쪽에 대고 공을 치는 것처럼 하라. 바르게 움직였을 때에는 왼팔이 비를 쓸어내듯 임팩트 지점을 지나가게 되고 손목을 썼을 때에는 자루 끝이 움직여서 갈비뼈에 닿을 것이다.

각 홀의 파를 상대로 플레이하라

골프에 관한 명언 중에 '올드 맨 파'(old man par)라는 말처럼 골퍼들의 공감을 얻는 말은 없을 것이다. 골프 게임은 어느 플레이어를 상대로 하는 것이 아니라 각 홀의 파를 상대로 플레이해야 한다는 것을 깨닫게 될 때까지는 누구도 좋은 스코어를 기대하기는 어렵다. 많은 역경과 실패를 거듭한 후 드디어 알게 되는 것이 스코어 카드에 적혀 있으면서도 보이지 않는 경쟁의 대상…… 즉 각 홀의 파가 내가 이겨내야 할 대상인 것이다.

골프란 자칫하면 동반 경기자의 스코어나 타구에 많은 신경을 쓰게 마련이다. 그래서 때로는 이성도 잃게 되고 자신의 플레이마저 망치게 된다. 진정한 골퍼란 다른 플레이어의 스코어에는 관심을 갖지 말아야 하고 오직 나를 위한 나만의 기량과 집념으로 각 홀의 파를 상대로 플레이하는 것이 가장 바람직한 자세이다.

동반 경기자 중에는 장타를 날리는 플레이어도 있을 것이다. 때로는 상대방의 타구가 나를 앞지르는 일도 있을 것이고 그러면 어딘지 모르게 압도당하는 것 같은 느낌도 들 것이다. 나에게 그만큼의 장타력이 없을 때에는 더더욱 압박감은 심해질 것이다. 그러나 바로 여기가 정신적인 승부처라고 생각해야 한다. 아무리 완벽한 골퍼라도 상대를 의식하면 상대방 페이스에 휘말려 자신의 플레이를 그르치는 일은 흔히 있다.

어디까지나 플레이의 상대는 사람이 아니라 파라는 냉정한 정신이 필요하다. 바로 이것이 '올드 맨 파'의 골프 철학이다. 이것을 '늙은이 파' 정도로 해석하면 곤란하다. 버디를 잡아내는 과감성은 없어도 결코 더블보기를 범하는 무모한 플레이를 하지 않는 노련한 플레이가 바로 '올드 맨 파'이다.

벙 커 샷
─Sand Play─

벙커샷 땐 모래소리 들릴 만큼 때려라

벙커샷이라고 해서 특별한 타법이 있는 것은 아니다. 골프 클럽은 각기 용도별로 기능에 맞게 설계되어 있다. 그러니 공이 벙커에 들어갔다고 해서 걱정할 필요는 없다. 차라리 러프에서의 트러블샷보다는 훨씬 마음 편하게 때릴 수가 있으니 다행한 일이라고 생각하라.

그런데 초심자들은 공이 벙커에만 들어가면 우선 걱정이 앞서 겁부터 집어먹는다. 마음은 안정을 잃고 자신 없는 스윙을 하게 된다.

골프샷은 때로는 운을 하늘에 맡기고 대담하게 쳐야 할 경우도 있다. 그러나 공을 때릴 때에는 어떠한 긴박한 상황에서도 기본을 무시해서는 안 된다.

벙커샷도 이런 경우에 속한다. 그린 근처에서 벙커샷을 할 때 먼저 생각해야 할 것은 그린 위로 뿌려지는 모래 소리를 듣는 것이다. 그래서 마음을 안정시켜라.

이것은 정신 집중력을 높여줄 뿐만 아니라 스윙하는 동안 흔들리기 쉬운 몸의 균형을 바로잡아 주기도 한다.

더우기 거리에 따른 힘의 가감을 예측할 수 있는 마음의 여유마저 갖게 한다.

그린 위로 모래를 뿌릴 수만 있다면 공은 틀림없이 그린 위에 올라가게 될 것이다.

벙커샷은 빈대떡을 떠내는 기분으로

그린을 둘러싸고 있는 벙커에서 한번에 꺼낼 수만 있다면, 더우기 1퍼트 거리 안에 붙일 수만 있다면 우리들의 골프는 많은 변화를 가져올 것이다.

모든 골프샷에 공통되는 것이지만 아마추어 골퍼가 알아야 할 것은 공을 뜨게 하거나 멎게 하는 것은 클럽이 해 준다는 사실이다. 클럽의 기능을 믿지 않는다든가 이해하지 못하는 데에 미스샷의 원인이 있다. 그래서 훌륭한 골퍼가 되고 못 되고는 얼마만큼 클럽을 효과적으로 정확하게 사용할 줄 아는가에 달려 있는 것이다.

그린 근처의 벙커에서 공을 놓지 않고 벙커샷 연습을 해 보라. 확실히 이것은 벙커에서 탈출하는 비법을 찾는 데에 크게 도움이 될 것이다. 클럽헤드가 모래를 사뿐히 떠내는 감각을 찾을 때까지 연습을 계속하라.

다음은 모래 위에 직경 10cm정도의 빈대떡 크기만한 작은 원을 그려라. 마치 그 동그라미 안에 공이 있다고 가정하고 빈대떡을 몽땅 벙커에서 떠낸다는 생각으로 때려 보라. 연습이 끝나면 동그라미 한가운데에 공을 놓고 빈대떡을 떠낼 때처럼 정신을 집중시키면 틀림없이 공은 빠져나가 홀컵 가까이 붙게 될 것이다.

벙커샷 땐 체중을 왼발에 실어라

골프에서 가장 중요한 것은 공을 정확하게 맞히는 것이다. 좀더 실감 있게 표현한다면 클럽헤드가 공을 맞히기 위해 하나밖에 없는 지점을 적당한 힘으로 통과해야 하는 것이다. 이것이 나이스샷이다.

물론 이것은 완전한 샷이며 골퍼의 기술에 속한다. 기술이란 오랫동안의 훈련과 노력에 의해서만 얻어지는 결과이다. 그러나 골프란 기술만 가지고 되는 게임은 아니다. 숏게임이 바로 그것이다. 스탠스는 이렇게, 체중은 이쪽으로, 공은……, 클럽헤드는…… 등등 많은 잔 기술(?)이 필요하다. 그러나 이것은 기술이 아니다. 요령이다. 요령이란 단 몇 분 동안에도 내 것으로 만들 수가 있다. 아마추어 골퍼에게는 몰라서 못하는 타법이 얼마나 많은지 모른다. 알고 나면 그렇게도 쉬운 것을…….

초심자들은 벙커샷을 할 때 오른발에 체중을 놓은 채 공을 띄우려고 하기 때문에 많은 실수를 하게 된다. 이런 식으로 공을 때리면 공에서 멀리 떨어진 뒤를 치게 되어 공이 벙커 안에 그대로 머물러 있거나 뒤땅(모래)을 때리고 빠져나가는 클럽헤드가 공 허리를 때리게 되어 공은 그린 너머로 튕겨 나가서 장외 홈런이 되고 만다. 그래서 벙커샷은 스탠스는 오픈으로, 체중은 왼쪽에 놓는 것이 요령이라 하겠다. 체중을 왼발에 실으면 스윙이 안정되어 공은 틀림없이 그린에 올라가게 될 것이다.

모래가 날아가는 것을 지켜보라

혼히 벙커샷은 익스플로전샷을 생각하기 쉽다. 공과 모래가 함께 날아가는 말 그대로 폭발적인 타법이다.

공이란 클럽페이스가 공에 직접 맞을 때 가장 정확하다. 그런데 벙커 속에서 공을 직접 정확하게 맞히기란 쉬운 일이 아니다. 그래서 고안된 것이 샌드웨지이다.

익스플로전샷은 공 뒤(샌드웨지의 솔의 넓이만큼) 모래를 때리면 그 압력으로 공을 밀어내게 된다. 이때 히팅포인트가 정확하지 않아도 공은 그런 대로 벙커에서 빠져나온다. 익스플로전샷은 히팅포인트의 허용 범위가 넓다는 장점도 있지만 언제까지나 부정확한 타법에만 머무를 수는 없는 일이 아니겠는가. 그러니 되도록 공을 직접(아니면 가장 가까이) 때리는 벙커샷을 익혀야겠다. 이 타법의 비결은 간단하다.

즉 임팩트 후에 모래가 날아가는 것을 지켜보는 것뿐이다. 클럽헤드가 공 밑으로 미끄러지면서 얇게 모래를 떠내는 것이 벙커샷의 기본적인 필수 조건이다. 클럽페이스를 약간 젖히고 클럽페이스의 뒤 끝이 모래에 닿으면서 튕겨 빠져나가게 하라. 이렇게 해서 드디어 모래가 날아가는 것을 확인할 수 있을 때 비로소 모래의 정복자가 될 것이다.

벙커샷은 클럽페이스를 약간 젖혀 쳐라

보통 수준의 아마추어 골퍼가 매우 어렵게 생각하는 타법이 두 가지가 있다. 벙커샷과 공을 끊어치는 타법이다. 두 가지 모두 원리는 똑같다. 즉 클럽페이스를 젖히고 공이 높이 뜨도록 때리지 않으면 안 된다.

일반적으로 정상적인 상황에서의 타구는 클럽페이스를 목표와 직각이 되도록 놓지만 벙커샷은 클럽페이스를 약간 젖히고 핀 오른쪽을 겨냥한다.

클럽페이스를 오른쪽으로 젖히면 공도 오른쪽으로 날아갈 것 같아 불안해질지도 모른다. 그러나 안심하라. 벙커샷의 경우 공은 클럽페이스의 방향으로 날아가는 것이 아니라 모래가 날아가는 방향으로 날아가게 된다. 클럽페이스가 오른쪽을 보고 있더라도 모래가 핀 쪽으로 날아가게 된다.

그런데 초심자들은 백스윙 때 두 손을 오른쪽으로 돌려서 클럽페이스가 열리도록 하거나 아니면 정상적인 그립으로 어드레스를 하고 난 다음 두 손목을 비틀어서 클럽페이스를 젖히는 방법을 쓰고 있다.

이처럼 두 손을 회전시키는 것보다는 처음부터 클럽페이스를 젖혀서 잡는 것이 바람직하다. 이렇게 정상적인 스윙으로 공을 때리고 난 후에도 클럽페이스는 어드레스 때의 상태가 끝까지 유지되도록 하라.

벙커샷 땐 헤드의 팅기는 감을 잡아라

일반적인 벙커샷은 클럽페이스로 직접 공을 맞히는 것이 아니라 클럽헤드 뒷면에 툭 튀어나온 플랜지를 모래 속으로 박아넣은 샷이다. 이때 공 뒤(솔의 폭만큼의 거리) 모래 속으로 클럽헤드가 박혀 들어갈 때 일어나는 반동 작용에 의해서 공이 위로 튀어오르게 된다. 그래서 벙커샷을 할 수 있도록 잘 고안된 샌드웨지는 클럽페이스 뒷면에 플랜지가 붙어 있어서 그린 근처의 벙커에서의 정상적인 샌드플레이를 하기에 가장 적합한 클럽이다. 즉 클럽헤드가 공 밑의 모래를 빠져나갈 때 클럽을 팅겨내는 작용을 쉽게 해 주기 때문이다. 이토록 클럽헤드가 모래에서 팅겨나는 감각을 잡기 위해서는 다음과 같은 방법으로 연습하면 많은 도움을 얻을 것이다.

벙커 안에 적당한 크기의 나무판자를 놓고 클럽이 팅기도록 판자 표면을 때려 보라. 그 다음 판자 위에 모래를 덮고 똑같은 방법으로 스윙해서 모래를 팅겨 날아가도록 하라.

끝으로 판자 위에 덮은 모래 위에 공을 놓고 클럽으로 판자 위의 공을 때리면 점차적으로 공을 뜨게 할 수 있게 될 것이다.

벙커샷 땐 가능한 한 모래를 얇게 떠라

벙커샷이 서투른 사람은 대개 모래를 많이 떠낸다. 공머리를 때릴까봐 겁이 나서인지 클럽을 박는 지점이 공에서 너무 멀리 떨어져 있는 경향이 많다. 그래서 뒤땅(모래)을 치게 된다.

벙커샷은 떠내는 모래의 양이 많을수록 힘을 많이 쓰거나 스윙을 크게 하지 않으면 공을 빼낼 수가 없게 된다.

가령 나온다고 해도 공은 백스핀이 걸리지 않아 많이 굴러가게 된다. 단지 벙커에서 빼내는 것만으로 만족해야 하는 초심자의 욕구를 충족시킬 뿐이다. 물론 모래를 많이 떠내면 거리 조절이 어려운 것은 당연한 이치이다.

벙커샷은 가능만 하다면 모래를 얇게 떠내는 것이 가장 바람직하다. 스윙도 작아지고 그린에 떨어지고 나서 많이 굴러가지도 않는다. 스윙을 작게 하면 불필요한 몸의 움직임도 적어지기 때문에 히팅포인트의 오차도 적어지게 마련이다. 즉 정확한 위치에서 공을 맞힐 수가 있게 된다.

또 한 가지 명심할 것은 그린 근처의 벙커에서는 폴로스루를 새삼스럽게 크게 하거나 높게 할 필요는 없다. 다만 클럽헤드의 무게를 이용해서 되도록 공 가까이 클럽을 떨어뜨리기만 하면 클럽헤드는 미끄러지듯 공 밑을 빠져나가게 될 것이다.

겨울 벙커선 긴 클럽으로 작은 스윙을

겨울철의 벙커는 여름철과는 그 양상이 매우 다르다. 서리기둥이 서는가 하면 표면이 들뜨거나 젖어 있기 때문에 공이 모래 속으로 스며들기 쉽다.

이렇게 공이 모래에 묻혀 있을 때는 좀더 공에 가깝게 클럽페이스를 넣지 않으면 안 된다. 공이 묻혀 있는 상황에 따라 클럽페이스를 박는 지점이 달라져야 하지만 공이 보이는 지점을 때리면 공머리를 때리기 쉽다. 계절에 관계없이 벙커샷에서 공머리를 때리게 되면 엄청난 결과를 낳게 된다. 어이없이 장외 홈런이 되지 않으면 낮게 날아가다 벙커 턱에 맞고 벙커 속으로 다시 굴러떨어진다.

그린 근처의 벙커샷은 스핀이 걸리지 않아 공이 잘 멎진 않지만 낙하 지점만 계산하면 큰 문제가 되지는 않는다. 그러나 오히려 어려운 것은 페어웨이 벙커에서의 타구이다. 그린까지는 너무 멀기 때문에 익스플로전샷을 해서는 안 된다. 공을 직접 때려야 하나 잘못 맞으면 큰 일이다. 이런 때는 거리의 손해를 보더라도 약간 모래와 함께 쳐내는 자세가 바람직하다. 그 대신 큰 클럽을 쓰면 어느 정도 거리도 만회할 수 있다.

이 때 정상적인 타구 때처럼 스윙을 크게 하면 안 된다. 벙커샷에서 스윙이 크면 스윙축이 흔들려 정확한 타구를 기대할 수 없기 때문이다.

스타트 전에 반드시 벙커샷을 연습하라

코스에서 플레이를 시작하기 전에 퍼팅 연습을 하는 것은 그날의 그린 상태를 체크하는 데 절대로 필요한 것이다. 보통 롱 퍼팅과 숏 퍼팅을 하게 되는데 그린이 비교적 큰 코스에서는 롱 퍼팅을, 작은 그린의 코스에서는 숏 퍼팅을 집중적으로 연습하는 것이 좋다. 즉 그린의 크기에 따라서 연습 내용도 바꾸는 것이 바람직하다는 말이다.

벙커의 모래도 코스마다 성질이 다르다. 가늘고 부드러운 곳이 있는가 하면 굵고 거친 곳도 있다. 날씨에 따라서도 변화가 많다. 모래가 비에 젖으면 딱딱해지고 무거워진다. 모래의 특성과 상황에 따라 히팅포인트도, 모래를 떠내는 방법도 달리 하지 않으면 안 된다. 그러한 모래의 특성이나 다른 점을 확인하기 위해서도 스타트 전에 벙커샷 연습을 하는 것은 꼭 필요하다. 이것은 출발 전 퍼팅 연습과 마찬가지로 중요하다.

공이 벙커에 들어가면 무엇보다도 마음이 흔들리지 않아야 한다. 그래야 자신을 가질 수가 있다. 그리고 다음과 같은 요령으로 벙커샷에 대비하라.

즉 ① 벙커에서 한번에 꺼낸다. ② 그린에 올린다. ③ 핀에 붙인다. ④ 홀컵에 넣는다.

프로의 경우는 ④부터 생각하지만 초보자는 ①부터 생각하면 된다. 골프에서 욕심은 금물이기 때문이다.

핸디는 핸디캡으로 불러야 옳다

골프는 공만 잘 치면 된다지만 그래도 지켜야 할 것은 지키고 알아야 할 것은 바로 아는 것이 골퍼의 자세다.

매너가 그렇고 예절 또한 규칙보다 앞서는 필수불가결의 요소이다. 규칙을 준수해야 함은 말할 나위가 없지만 이 밖에도 골퍼들이 쓰고 있는 낱말도 빼놓을 수 없는 중요성을 지닌다.

골프의 발상지가 스코틀랜드이고 보니 골프 용어가 모두 영어인 것은 당연한 일이다. 굳이 원어(영어)만을 쓰자는 것은 아니다. 우리말로 옮겨도 좋은 것은 모두 우리말로 옮겨 쓰자. 그러나 그렇지 못한 것은 원어의 발음대로 써야만 이해가 빠르다.

밑도 끝도 없는 국적 불명의 낱말이 있는가 하면 국적은 있어도 본적이 다른 용어도 있다. '핸디캡'이 '핸디'로 둔갑한 것

이 그 대표적인 예다.

'캡'자 하나 더 붙인다고 시간이 걸리는 것도, 기억하기 어려운 것도 아니다. 새삼스럽게 누구의 잘못이라고 탓하진 말자. '라인'과 '라이'를 혼동해서 쓰는 것도 바로 잡아야 할 것이다. 어차피 우리말이 아닌데 바로 쓴다고 뭐 흠 잡힐 일이라도 있단 말인가.

물론 남의 나라 말이라 어려움은 따른다. 그러나 잘못 쓰고 있는 것도 남의 나라 말인데 왜 신경을 쓰지 않는지 모르겠다. '핸디'는 '핸디캡'으로, 공이 가는 길은 '라인'이고 공이 놓여진 상태는 '라이'이다. 이렇게 '캡'이나 'ㄴ'자 하나 더 붙여 쓰는 데 인색하지 말자.

골프 용어를 바로 쓸 때 우리 나라 골프도 국제화의 길로 한 발짝 다가설 것이다.

트러블샷
Trouble Shots

스윙 땐 원운동의 원리에 충실하라

골프는 스윙이 전부라 할 정도로 가장 중요하고 절대적인 요소이다. 스윙이 좋으면 스코어도 좋아진다. 초보자는 바른 스윙을 할 수 있도록 온 힘을 쏟아야 한다. 그러기 위해서는 기초부터 탄탄하게 다져나가야 한다. 골프에서 독학이란 있을 수가 없다. 이론은 있어도(그것마저 절대적인 것은 못 되지만) 골프는 학문이 아니기 때문에 처음부터 기본을 마스터하는 것만이 종국에는 즐거운 골프를 할 수가 있게 된다.

골프의 기본이 스윙이라고는 하지만 스윙의 원리가 원운동이고 회전운동이기 때문에 이에 적합한 몸을 만드는 것은 더욱 더 중요하다.

골프를 배우는 기본 요소는 본인의 의욕, 적당한 체격과 체력, 그리고 좋은 스승이다. 그 다음은 부단한 노력뿐이다.

스윙에 관한 이론이란 어느 것이나 크게 다를 것은 없다. 아무리 많은 책을 읽어도 그것이 그것이다. 중요한 것은 그 이론을 어떻게 몸에 익히게 할 수 있는가에 달려 있다. 여기에 골프의 어려움이 있는 것이다. 자기는 이론대로 몸을 움직이고 있는 것 같지만 실제는 그렇지가 못하다. 우리 주변에는 많은 연습장이 있고 연습장마다 프로가 있다.

스윙의 기본은 훌륭한 스승(프로)에게 배우도록 하자. 그래서 훌륭한 플레이어가 되자.

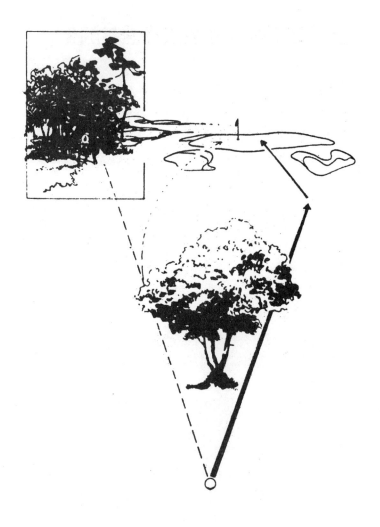

트러블샷은 공 밑을 먼저 살펴라

골프를 시작한 지 얼마 안 된 아마추어 골퍼는 페어웨이를 걸어가는 것보다는 숲속이나 러프를 이리저리 뛰어다니는 경우가 많다. 공이 그런 곳으로만 날아가니 어쩌면 당연한 일인지도 모른다. 소위 말하는 트러블에 빠지는 경우가 많다는 것이다. 드디어 공을 찾고 나면 이것 저것 생각할 여유가 없다. 무엇보다도 공을 잃어버리지 않았으니 다행이라는 태도이다.

이런 경우 플레이어가 먼저 해야 할 일은 공이 놓여진 상태이다. 즉 라이를 살피고 나서 어떻게 쳐낼 수 있는가를 판단하라. 이때 확실한 타법을 정해야 한다. 떠올릴 수 있겠는가, 아니면 굴려야 하는가, 어디로 빼내야 다음 샷이 쉬워질 것인가 등등……

공이 트러블에 빠질 경우 가장 효과적인 타구를 위한 요령 몇 가지를 살펴본다.

① 먼저 공 밑을 살펴라 (라이의 확인).

② 떠올릴 것인가, 굴릴 것인가를 확실하게 정하라 (확실한 타법의 설정).

③ 떠올리려면 로프트가 큰 클럽을, 굴리려면 로프트가 작은 클럽을 잡아라.

④ 다음 샷을 하기 좋은 곳으로 빼내라.

⑤ 백스윙은 작게, 폴로스루는 무시하라.

비록 1스트로크를 손해 보는 경우가 있더라도 다음 샷에서 승부를 거는 현명한 판단이 필요하다.

장애물이 가까이 있을 땐 예비 스윙을

승부의 세계에서 이긴다는 것은 기술만의 문제는 아니다. 그날의 컨디션과 행운 불운과 같은 것에 대한 정신 작용이 미묘하게 혼합되어 게임을 좌우하게 된다.

골프 게임에서 믿을 것이란 자기 자신밖에 없다. 내가 나를 믿는다는 것은 나 자신의 스윙과 나 자신의 기법으로 게임을 운영해야 하는 것인데 지금까지 몰라서 못하던 기술이 아닌 요령 몇 가지를 소개한다.

공이 나무나 숲 울타리 또는 큰 바위 같은 장애물 옆에 놓여 있어서 백스윙을 할 여지가 거의 없을 때에는 이 요령이 큰 도움이 될 것이다.

이 타법은 백스윙을 15cm정도만 할 수 있으면 가능하기 때문에 그 곳에서 1벌점을 먹고 드롭한다 해도(언플레이어볼) 만족할 만한 스윙을 할 수 없을 경우에도 트러블에서 빠져나갈 수가 있다. 즉 ① 웨지나 로프트가 큰 클럽을 사용하라. 그것은 공을 거의 머리 위에서 내리찍어쳐서 클럽의 로프트를 죽이기 때문이다. ② 처음부터 임팩트 위치에 두 손을 놓고 손목을 완전히 꺾어라. ③ 스윙을 방해하는 장애물이 닿는 데까지 클럽헤드를 올려라. ④ 때릴 준비가 되었으면 손목의 힘만을 이용해서 내리찍어라. 놀라운 샷이 될 것이다.

바람이 불 때는 낮게 밀어내듯이 쳐라

공은 바람의 영향을 많이 받는다. 그러나 뒷바람은 골퍼를 괴롭히지는 않는다. 오히려 거리를 늘려주기 때문에 초심자에게는 자기 거리에 자신을 심어주기도 한다.

그러나 앞바람이나 옆바람이 불 때에는 아무리 세게 때려도 공은 멀리 날아가지 않는다. 마음부터 위축이 되어서 오히려 세게 치면 칠수록 공은 바람을 타고 하늘 높이 솟아오른다. 이때 임팩트를 세게 하기보다는 일정한 스피트로 끝까지 폴로스루를 완전히 해주는 것이 바람직하다. 때리는 것이 아니라 옆으로 밀어내는 것 같은 느낌으로 치는 것이 요령이다. 물론 피니시를 낮게 해야 하는데 이 요령을 생각해 보자. 앞바람이나 나뭇가지 밑을 빠져나가는 공을 칠 때에는 클럽헤드가 될 수 있는 대로 지면에 낮게 따라가는 궤도를 유지하지 않으면 안 된다.

테이블 옆에 붙어 서서 어드레스 자세를 잡는다고 상상해 보라. 스윙할 때 클럽헤드가 공을 맞히고 나서 두 손이 테이블 표면을 스쳐 지나간다고 생각하라.

이러한 상상으로 클럽헤드가 지면을 따라가는 낮은 탄도의 타구를 할 수 있게 만들 것이다.

나무판자에 공을 놓고 쓸어치는 연습을

자연의 아름다움과 사람의 손길이 맞닿는 조형미 —— 이 것이 골프 코스의 극치이다. 더우기 융단 같은 파란 잔디 는 골프의 상징이며 골퍼의 다정한 벗이다.

끝없는(스코어) 자연(코스)에의 도전이 골프 게임이라면 잔디를 밟는 것만도 플레이어의 긍지요 낭만이 아닐 수 없 다. 그러나 겨울철의 페어웨이는 잔디가 말라붙어 공은 딱딱 한 지면 위에 놓여 있게 된다. 이런 때 일반 아마추어 골퍼 는 당황하게 되고 자신을 잃게 된다. 공이 뜨지 않으니 고 민은 더해 간다. 그러나 이런 때에도 방법은 있다.

공이 뜨지 않는 것은 공을 띄우려는 의욕이 앞서서 몸이 위 아래로 움직이고 있기 때문이다. 페어웨이에서의 우드샷 은 사이드블로가 기본이다. 그래서 어깨가 위아래로 춤을 추어서는 안 된다.

골프 클럽에는 로프트가 있고 공은 둥글다. 클럽페이스가 제자리에 들어가기만 하면 공은 반드시 뜨게 되어 있다. 지 금부터라도 그런 근심은 털어 버리자. 좀더 자신을 갖기 위 해서는 맨땅이 아니라 나무판자 위에 공을 놓고 부드럽게 쓸어내듯 때려 보라. 틀림없이 공은 하늘 높이 날아갈 것이 다. 다음부터는 말라붙은 페어웨이나 딱딱한 맨땅 위에서도 자신 있게 공을 때릴 수 있으리라 믿는다. 경험처럼 좋은 스승은 없다.

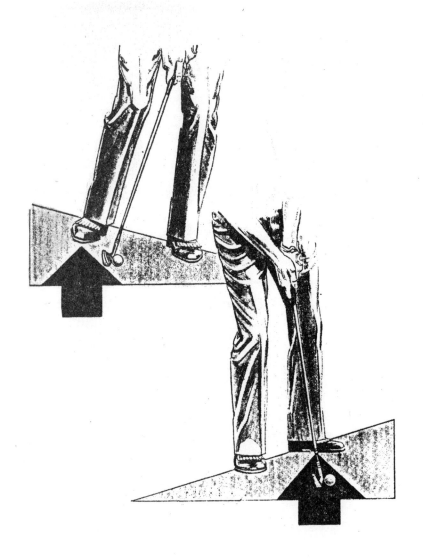

언덕에선 높은 쪽 발에 공을 놓아라

페어웨이의 기복이 심한 산악 코스에서는 오르막이나 내리막 언덕에 공이 놓여 있을 때가 많다. 평지에서는 자신 있게 공을 때리면서도 조금이라도 높낮이가 있는 곳에서는 자신 있는 스윙을 못하는 것이 일반 아마추어 골퍼의 약점이다.

특히 내리받이에서 가장 어렵게 생각하는 것은 공이 뜨지 않는다는 것이다.

언덕의 경사에 따라 폴로스루를 낮게 하면 되는 것을 반대로 손목을 써서 떠올리려고 하니 결과는 토핑이 아니면 뒤땅을 때리게 된다.

이런 경우 공의 위치가 절대적으로 중요한 것인데 이 원칙 하나만이라도 알아두면 우선 첫번째 관문은 통과하게 된다. 극단적으로 말하면 어떤 경우에 있어서도 항상 높은 위치에 있는 발 쪽에 공을 놓아야 한다. 즉 언덕에 섰을 때 왼발 쪽이 높으면 공을 왼발 쪽에 놓고, 왼발 쪽이 낮은 내리받이에서는 공을 오른발 쪽에 놓아야 한다.

이때 주의할 것은 내리받이에서는 타구가 슬라이스가 나기 쉽고 오르막에서는 훅이 나기 쉽기 때문에 이 점을 감안해서 목표를 정하고 스탠스를 잡아야 한다.

일반적으로 공의 위치와 목표의 설정만을 확인하면 충분히 백스윙은 무리하게 크게 하지 않도록 하라. 백스윙을 작게 해야 하는 것은 모든 트러블샷에서의 기본이다.

롱 아이언도 숏 아이언처럼 스윙하라

일반 아마추어 골퍼에게는 샤프트가 길어질수록 공을 때리기가 어려워진다.

그래서 롱 아이언은 누구나가 싫어하게 되어 숏 아이언처럼 잘 다루지를 못한다. 롱 아이언은 샤프트는 길고 로프트는 작다. 더우기 클럽헤드가 작아서 도대체 맞을 것 같지가 않다.

긴 클럽을 잡기만 하면 처음부터 자신을 잃고 치고 싶은 생각은 없어진다.

그러다 보니 지나치게 힘이 들어가서 손이나 팔만으로 때리게 된다.

이런 때에는 무엇보다도 롱 아이언이기 때문에 공을 멀리 보내야겠다는 잘못된 생각부터 없애 버리는 것이 상책이다.

롱 아이언이 거리가 멀리 나는 것은 로프트가 작고 샤프트가 길기 때문에 결과적으로 멀리 갈 수밖에 없는 것이지 결코 팔이나 손의 힘만으로 장타가 되는 것은 아니다.

힘만으로 공을 멀리 보내야겠다는 생각을 없애 버리려면 롱 아이언을 잡았을 때 숏 아이언을 잡았다고 생각하라.

스윙의 타이밍도 백스윙의 크기도 숏 아이언의 그것과 똑같은 감각으로 타구를 하는 것이 바람직하다.

그러면 힘껏 휘둘러서 미스샷을 하게 되는 잘못은 없어질 것이고 롱 아이언의 감각을 찾을 수 있을 것이다.

페어웨이의 작은 경사도 무시하지 말라

페어웨이는 티그라운드와는 달리 아무리 평탄하다고 생각되어도 어느 한쪽으로 기울어져 있기 마련이다. 이 조그마한 경사를 무시하거나 소홀히 하기 때문에 뒤땅을 치거나 공머리를 때리게 되는 경우도 허다하다.

특히 우드같이 긴 클럽을 썼을 때 이런 경향은 두드러지게 나타난다.

이런 때 공이 놓여 있는 자리에서는 조그마한 경사나 전체적으로 밋밋하게 경사진 상태를 알아내기란 쉬운 일이 아니다. 그래서 공이 있는 곳까지 가는 동안 멀리서 관찰하는 것이 바람직하다.

멀리서 바라보면 작은 경사까지도 쉽게 눈에 들어오게 된다. 이렇게 경사진 곳에서는 어드레스 때 두 무릎으로 조절하는 것이 중요하다. 즉 왼발이 약간 올라간 자리에서는 그 왼쪽 무릎을 굽혀서 조절하면 된다.

공을 때릴 때 두 무릎은 자동차의 스프링 같은 역할을 하게 된다.

두 무릎이 꼿꼿이 뻗어 있게 되면 페어웨이에서의 나이스 샷은 기대하기가 어렵다.

이처럼 무릎의 역할이란 비단 페어웨이샷에 국한되는 것은 아니고 모든 골프샷에 적용되는 중요한 부분이다. 비록 숏 게임에 있어서까지라도.

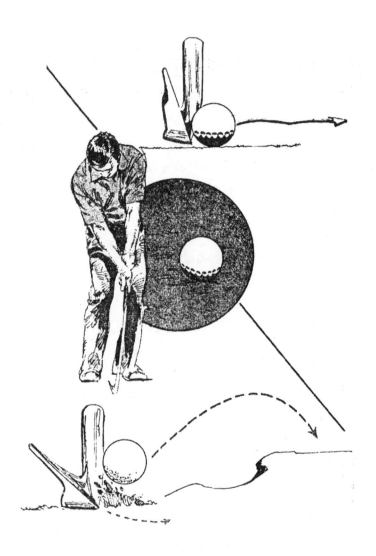

맨땅에서의 어프로치샷은 굴려야

그린 근처에는 여러 가지 함정이 도사리고 있다. 쉽게 공략하지 못하도록 방어벽을 쌓고 있는 것이다. 특히 조심해야 할 것은 잔디가 벗겨진 맨땅 위에 공이 놓여 있을 경우이다. 이런 곳에서 로프트가 큰 피칭웨지나 샌드웨지로 공을 높이 띄우려고 하면 거의 어김없이 뒤땅을 치게 되어 자연히 거리는 짧아지게 된다. 맨땅 위에 공이 달라붙어 있기 때문에 솔이 두꺼운 샌디웨지나 피칭웨지는 공 밑으로 빠져 들어가기가 어렵고 대개는 뒤땅을 때리게 되는 것이 초보자들의 어프로치샷이다.

이런 때의 가장 안전한 공략 방법은 비록 잔디가 조금 남아 있거나 심하게 경사진 비탈이라 하더라도 로프트가 작은 클럽으로 굴리는 것이 최상의 방법이다.

웬만하기만 하면 퍼터가 가장 안전한 클럽일 수도 있다. 물론 벙커가 가로막고 있으면 굴릴 수는 없다. 이런 때에는 벙커샷의 요령으로 잔디가 벗겨진 공 뒤에 맨땅을 샌드웨지로 때려보는 것도 하나의 방법이다.

이런 때의 타구는 어려운 것이기는 하지만 뜻밖에 좋은 결과를 낳게 되는 경우도 많다.

미스샷 뒤에도 무리한 공격은 피하라

골프에서 미스샷은 누구에게나 있게 마련이다. 유명 프로에게도 미스샷은 있다. 그래서 골프란 미스샷을 얼마만큼 적게 하는가에 따라 승패가 결정되는 게임이라고도 할 수 있다.

그런데 그 미스샷이 티샷(특히 드라이버샷)일 경우에는 엄청난 파경에 이르는 것이 초보자들의 골프이다.

티샷을 잘못 치게 되면 그 다음 샷도 미스샷으로 이어진다. 물론 이런 때에는 두 자리 숫자의 스코어도 나오게 된다.

드라이버샷을 잘못 쳤을 때 다음 타구에서도 미스샷이 계속되는 이유는 공이나 홀의 주변 상황을 무시한 채 다만 앞의 미스샷을 만회하려고 무리한 공격을 하기 때문이다.

이런 때에는 먼저 생각부터 바꾸는 것이 좋다. 이미 저지른 실수는 잊어버려라. 다음 타구부터 최선을 다해서 스코어를 줄여야겠다고 생각하라. 즉 잃어버린 거리를 무리하게 만회하려고 서두르지 말고 새로운 작전을 세워야 한다.

코스의 상태나 공의 라이를 살피고 그린에 올릴 수 있는 최선의 방법을 찾아내도록 노력하라. 이러한 상황에 대처할 수 있는 마음의 여유와 지혜가 필요한데 이것은 기술이 아니고 요령이다.

첫홀의 첫타구는 클럽을 짧게 잡아라

일반 아마추어 골퍼의 경우 많아야 1주일에 한번, 아니면 한 달에 한두 번 코스에 나가는 것이 고작이다. 그렇지 않아도 첫홀의 첫타구는 어려운 것인데 오랜만의 플레이라 기분은 상쾌해도 온 몸은 긴장에 싸여 굳어 버린다.

더우기 멋진 나이스샷을 보여 주겠다고 벼르고 머리 속에서만 그리던 장쾌의 꿈에서 깨어나지 못한다. 드디어 힘이 들어가서 미스샷이 되고 만다.

그런데 이 첫홀에서의 미스샷은 그날의 플레이에 커다란 영향을 미치게 되고 모처럼 즐거워야 할 골프가 오히려 스트레스가 쌓이는 하루가 되고 만다.

그래서 첫홀의 티샷은 비록 연습장에서 연습공 몇 개를 쳤다 하더라도 몸이 완전히 풀려 있는 상태는 아니다.

힘에 겨운 나이스샷을 바라는 것 자체가 무리한 욕심이다. 주말 골퍼의 첫홀의 티샷은 70점만 받으면 만족해야 한다. 물론 일반 아마추어 골퍼는 클럽을 짧게 잡고 스윙을 편안하게 해야 하는 것은 말할 것도 없다. 이렇게 하면 마음도 가라앉아 오히려 나이스샷이 계속되는 하루가 될 수 있을 것이다.

긴 잔디 위의 공은 클럽을 짧게 잡아야

풀이 길게 자란 러프에서는 대개 공이 가라앉게 된다. 그러나 깎지 않은 잔디 위(흔히 B 러프라고 한다)에서는 공이 풀 위에 올라앉아 있을 때가 많은데 이런 상황에서의 타구를 잘못하는 경우를 자주 보게 된다. 말하자면 범실에 가깝다.

실제로 잔디를 깎지 않은 러프에서는 너무도 라이가 좋기 때문에 클럽헤드가 공 밑을 뚫고 빠져나가는 경우가 많다. 그래서 공은 위로 솟아오르게 되고 심할 경우에는 클럽헤드만 빠져나가고 공은 그 자리에 그대로 머물러 있을 때도 있다.

이렇게 길게 자란 잔디 위에 공이 떠 있을 때는 클럽을 공이 떠 있는 것만큼 짧게 잡아야 한다. 그리고 나서 어드레스 때에는 평상시처럼 왼팔을 쭉 뻗지 말고 약간 팔꿈치를 굽히고 클럽을 늘어뜨려서 잡도록 하라. 이때 체중도 아이언이라고 해서 왼쪽으로 치우쳐서는 안 된다. 왼발에 체중을 싣게 되면 위에서 아래로 찍어치는 다운블로의 타구가 되기 쉽다.

체중을 좌우 균등하게 놓고 머리는 스탠스 중앙에 오도록 한다. 이렇게 하면 다운블로의 미스샷은 막을 수가 있고 옆에서 쓸어치는 사이드블로가 되는 것이 이런 때의 효과적인 타법이라 하겠다.

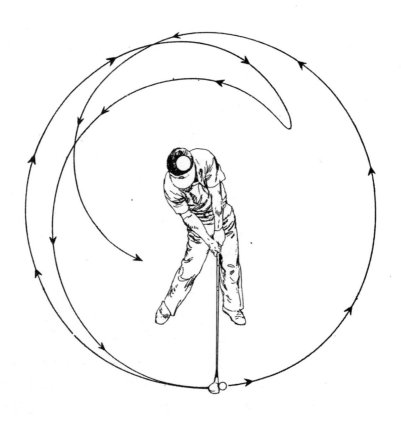

스윙은 자신에 맞는 스타일을 익혀라

유명 프로의 멋진 스윙폼이 마치 나의 폼이 되어야 한다고 잘못 생각하고 있는 아마추어 골퍼는 없는지. 만일 그런 착각 속에서 연습을 한다면 좋은 결과를 기대하기는 어려울 것이다.

유명 프로들의 독특한 스윙이란 수만 번 아니 수십만 번 연습에 연습을 거듭해서 얻어진 자기만의 것이고 이에 못지 않게 강력한 체력을 수반한 골프에서의 특허 같은 스윙이요 폼이다. 다만 우리가 배울 것은 그들의 멋진 스타일이 아니라 스윙의 원리와 게임을 운영하는 요령이다. 골프에 폼이 있다면 그것은 바로 나의 스윙이 나의 폼인 것이다.

어디까지나 나 자신의 스타일을 발견하고 자기 자신의 스윙과 방법을 찾아내기 위해서 연습도 필요한 것이다. 그런 목적 없는 연습이라면 차라리 안 하는 것만 못한 것이다.

스윙이란 몸으로 해야 하는 것이기 때문에 원리에 입각해서 자기 몸에 맞는 스타일을 찾아내야 한다. 즉 자기 개발이 필요한 것이다. 아무리 좋은 약도 먹지 않으면 병은 낫지 않듯이 골프 스윙도 몸으로 익히지 않으면 내 것이 되지 못한다.

또한 골프 게임에서는 예기치 못한 상황들이 많이 일어난다. 이 모든 상황에 걸친 특수한 연습 방법을 소개하기로 한다. 이 방법은 코스에서 일어나는 상황에 대처하는 요령(바른 동작)을 연마할 수 있을 것이다.

골퍼는 19번째 홀을 즐길 줄 알아야

19번째 홀(19th hole). 골퍼라면 누구나 알고 있는 다정한 말이다. 그러나 이 말의 참뜻을 오해하고 있는 사람도 있을 것이다. 지금까지 알고 있는 대로 해석해도 별로 나쁠 것도 없거니와 바로 잡을 필요도 없다. 어차피 골프란 즐겁고 재미있어야 하지 않겠는가. 스코어가 좋아도 즐겁고 나빠도 재미있는 스포츠가 골프만이 갖는 특성이다.

골프의 1 라운드는 18홀을 마치면 끝이 난다. 그러나 하루의 완전한 라운드는 19번째 홀까지 이어지고 이 곳이 진짜 마지막 홀이다. 19번째 홀이 다름아닌 클럽하우스의 바나 식당을 말하는 것이고, 대개의 골퍼는 1 라운드 18홀의 플레이를 마치면 다음에 가는 곳이 여기라는 데에

서 골프와 연관시켜 붙여진 재치있는 말이다. 19번째 홀에서는 공으로 플레이하는 것이 아니고 말로 골프를 즐긴다.

그날의 스코어를 중심으로 좋고 나쁜 타구, 아찔했던 순간, 통한의 3 퍼팅, 모두가 자랑 또는 변명으로 이야기 꽃은 피어오른다. 또 여기서 에티켓을 논하고 룰을 배운다. 골퍼가 코스에서 플레이하는 것 못지않게 골프 여담에 열중하는 현상은 퍽 오래 전부터 내려오는 전통 같은 것이다. 18홀의 플레이만으로는 아무래도 아쉬움이 남는다. 그래서 19번째 홀로 장소를 옮겨 플레이는 계속된다. 이렇게 해서 스트레스를 해소하고 내일을 위한 활력을 키워 간다. 홀인원의 꿈을 안고

연습방법

Practice Drill

클럽을 거꾸로 잡고 스윙 연습을 하라

밸런스는 골프 스윙에 있어서 유일한 결정적인 요소이다. 그러면서도 그 중요성을 소홀히 하기가 쉽다.

어느 스포츠에서도 몸의 균형은 목적하는 동작을 가장 가능케 하는 절대적인 요소가 된다. 골프 스윙도 예외는 아니다. 골프에 있어서 클럽을 흔들어주는 팔의 동작과 거리와 방향을 결정짓는 몸의 움직임이 조화를 이룰 때 비로소 스윙은 완성되는 것이다.

그런데 이 밸런스는 어드레스 때에 이루어져야 하고 느끼지 않으면 안 된다. 연습량이 충분치 못한 아마추어 골퍼는, 특히 주말 골퍼에게는 몸이 따라가 주지 못해 균형을 잃은 스윙이 마치 당연한 것처럼 자위하고 있기까지 하다.

스윙하는 동안 균형을 잘 잡고 더욱더 완전한 폴로스루를 하기 위해서는 보다 많은 연습이 필요하다. 코스에서도 첫 티의 타구 전에 워밍업이 필요하다. 클럽의 반대편 끝, 즉 클럽헤드의 목부분을 잡고 풀스윙을 하도록 하라. 처음에는 조금 이상하고 불편하게 느껴지겠지만 이 연습은 굳어 있는 몸을 풀어주고 적절한 타이밍 감각을 찾아준다. 또한 이 연습은 왼팔에 의한 가속(헤드스피드)을 증진시키고 공을 단순히 맞히는 것이 아니라 끝까지 때리는 스윙을 할 수 있게 만든다.

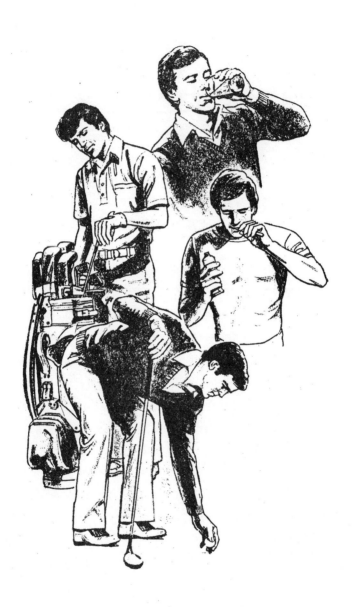

스윙을 잘 하려면 왼손 힘을 길러라

골프 스윙에서 좌반신의 주도권은 신성불가침의 영역처럼 정설로 알려지고 있다. 즉 스윙은 좌반신으로 컨트롤해야 하며 오른쪽은 완전히 종속적인 역할을 하는 것에 불과하다는 것이다.

공을 때릴 때 최대의 힘으로 클럽을 컨트롤하기 위해서는 피니시에 이를 때까지 왼손이 오른손을 리드하지 않으면 안 되는 것은 분명하다. 왼손은 클럽헤드의 궤도(방향)를 바로 이끌어줄 뿐만 아니라 체중 이동을 원활하게 할 수 있는 역할까지도 해 준다.

그래서 골프 스윙은 왼손의 리드가 선행된 오른손의 히팅이 조화를 이룰 때 비로소 방향도 거리도 보장받게 되는 것이다.

만일 오른손잡이 골퍼라면 골프 스윙을 제외하고는 모든 일을 왼손으로 하는 습관을 갖도록 하자. 오른손잡이에게 공통되는 결점은 골프 스윙에서는 왼손 왼팔 좌반신을 적절하게 쓰지 못한다는 것이다. 그러나 왼손을 자주 쓰게 되면 왼쪽의 힘이 강해지고 기민하게 만들 수 있다. 왼쪽을 의식적으로 쓰면 쓸수록 골프 스윙에서의 왼쪽의 리드는 강해질 것이다.

클럽 양끝 잡고 체중 이동 연습을

골프를 단순히 재미로 즐기는 골퍼의 대부분, 특히 늦게 골프를 시작한 사람일수록 백스윙과 다운스윙 때 충분한 체중 이동을 하지 못하고 있다. 체중 이동은 고사하고 오히려 역회전의 악습에서 벗어나지 못하고 있다.

적절한 체중 이동의 감각을 잡지 못해 두 다리를 제대로 활용하지 못하는 골퍼들은 백스윙도 다운스윙도 정확하게 할 수가 없게 된다. 그래서 연습을 통해 체중 이동의 요령과 감각을 찾도록 하자. 먼저 정상적인 스탠스를 잡고 두 손으로 클럽의 두 끝을 잡아 클럽헤드의 밑바닥을 목표 쪽으로 향하게 하라. 그러고 나서 왼손을 클럽헤드의 끝부분 위에 얹고 오른손으로 그립 아래쪽을 잡아라. 그 다음 샤프트가 지면과 수직이 될 때까지 뒤로 스윙해 보라.

이 연습을 하면 아무리 천천히 움직여도 바른 스윙 동작을 하지 않을 수 없게 된다. 또한 이 연습을 함으로써 체중이 오른쪽 왼쪽으로 이동하는 감각이 온 몸에 느끼게 되어 정상적인 골프 스윙에서도 쉽게 더욱더 효과적으로 적용할 수 있게 될 것이다.

굿샷의 첫 조건은 두 발의 균형이다

많은 골퍼를 괴롭히는 미스샷의 원인은 대개 몸의 회전축이 흔들리기 때문이다. 회전축이 안정되지 않은 스윙으로는 장타도 탄도의 정확성도 기대할 수 없다. 골프 스윙은 클럽 헤드가 바른 궤도를 따라 움직여야 한다. 즉 백스윙에서는 목표선 안쪽으로, 다운스윙에서는 바깥쪽으로 움직여서 공을 맞힐 때 방향이 정확한 장타를 날릴 수가 있는 것이다. 그러면서도 체중 이동을 동반하지 않으면 안 되는 것은 물론이다. 체중 이동뿐만 아니라 동시에 몸을 꼬았다 풀어야 한다. 그러니 골프란 멎어 있는 공을 움직이면서 때리는 것과 마찬가지이다. 온 몸은 움직이면서도 균형잡혀 있어야 하고 더우기 시간차가 요구되는 동작에서도 타이밍과 리듬까지 일치되어야 하니 쉬운 일이 아니다. 그래서 골퍼는 이런 감각을 먼저 몸에 익혀야 한다.

이렇게 스윙 궤도를 바로잡고 균형과 리듬을 찾을 수 있는 요령을 알아보자.

어드레스 자세에서 오른발을 왼발 뒤에 놓는다. 공과 두 발이 일직선상에 있게 된다. 이 자세에서 백스윙 다운스윙을 해 보자. 이 연습은 스윙하는 동안에 몸의 균형을 유지할 수 있게 하는 데 큰 도움이 될 것이고 본능적으로 백스윙과 다운스윙의 궤도를 바로잡아 줄 것이다. 또한 스윙하는 동안 손목이 정확하게 회전할 수 있도록 해 줄 것이다.

라운드 전 반대쪽으로 스윙 연습을

장타만이 골프가 아니라는 것을 알고는 있으면서도 조금이라도 멀리 보내고 싶은 것이 골퍼의 소원이요 골프의 마력이다. 설령 스코어는 나쁘더라도 동반자를 앞질렀을 때의 드라이버샷의 쾌감은 이를 무엇에 비교할 수 있단 말인가.

지금보다 10m 만이라도 더 보낼 수 있다면 —— 모든 아마추어 골퍼에게 공통되는 소망이다.

장타를 말할 때 우리는 프로의 스윙을 연상하게 된다. 프로들은 하나같이 공을 멀리 때린다. 그러면 프로와 일반 아마추어의 다른 점은 어디 있단 말인가. 그것은 한 마디로 연습량과 체력의 차이라고 말할 수 있을 것이다.

골프 스윙에는 크고 작은 근육들이 제각기 한 몫을 하고 있다. 상호 협조하고 연관성을 이루면서 임팩트라는 목적을 위해 총동원된다. 이 근육의 힘을 기르기 위해서는 스윙 연습만으로도 가능하다.

더우기 라운드를 시작하기 전에 연습공을 때릴 시간이 없을 때에는 근육만이라도 풀어주지 않으면 안 된다. 대개 클럽을 휘둘러 봄으로써 굳은 몸을 풀게 된다. 이때 간단하면서도 효과적인 방법은 정상시와는 반대 방향으로 스윙 연습을 하는 것이다. 즉 오른손잡이는 왼쪽으로, 왼손잡이면 오른쪽으로 클럽을 휘둘러 주라. 이 연습은 리드하는 쪽의 손 팔 어깨 근육을 풀어주어서 처음부터 몸이 잘 돌아갈 수 있게 해 줄 것이다. 또한 이 연습은 장타에 필요한 근육과 골프의 이상이라고 할 수 있는 왼손 주도형의 스윙을 몸에 익히는 데 큰 도움이 될 것이다.

샌드웨지로 풀스윙하는 연습을

백스윙을 할 때 아무런 생각 없이 클럽을 들어올리는 골퍼는 없다. 어떤 형태로든 자기 나름대로의 타이밍이 있게 마련이다. 타이밍은 곧 리듬이다. 이 리듬을 살려서 스윙을 하게 되면 큰 실수는 일어나지 않는다. 또한 골프 스윙 가운데 가장 나쁘다는 오버스윙도, 스윙이 빨라지는 폐단도 막을 수가 있게 된다.

그래서 타이밍과 리듬이 일치되었을 때 자기 능력을 100% 발휘할 수 있는 스윙이 만들어지는 것이다. 그런 의미에서도 자기 나름대로의 타이밍은 필요한 것이고 무리 없이 테이크백을 할 수 있는 자기만의 요령을 갖고 있는 것이 자신 있는 스윙을 할 수 있는 요령이다.

그런데 클럽에 따라 각각 다른 스윙을 하기 때문에 꼭 필요한 상황에서 그 필요에 부응하는 타구를 하지 못하여 트러블에 빠지는 아마추어 골퍼가 대단히 많은 것을 볼 수 있다.

예를 들면 드라이버로는 오버스윙을, 샌드웨지로는 짧게 잡고 스윙을 빨리 하는 따위이다. 이러한 골퍼는 생각을 바꿔서 스윙을 정반대로 하게 되면 이상적인 스윙을 할 수 있을 것이다. 즉 드라이버로는 짧게 잡아 컨트롤이 좋은 스윙을 하고 샌드웨지로는 되도록 천천히 풀스윙을 하는 식이다.

이런 점을 염두에 두고 연습을 하면 티샷이나 벙커샷이 매우 훌륭한 결과를 낳게 될 것이다.

유명 프로의 폼을 상상하며 스윙을

골프 게임은 결정적인 순간에 일어나는 기적 같은 타구 하나가 승패를 가름하는 드라마를 연출한다. 실제로 우리는 이와 같은 상황을 마스터스에서, US오픈에서, 브리티시 오픈에서 많이 보아 왔다. 이럴 때마다 전 세계의 골프 애호가들을 흥분시키고 골프 영웅이 탄생하기도 한다.

골프 스윙은 근육에 의해서 역학적으로 이루어지는 행위이지만 그 모든 동작은 의식적이거나 무의식적이거나 관계 없이 '의지력'에 의해서 컨트롤되고 있는 것이다. 때문에 믿기 어려울 정도의 리커버리샷을 함으로써 자기 자신도 깜짝 놀라거나 트러블에서 공을 안전한 지점으로 정확하게 빼낼 수 있다고 사전에 예측할 수 있을 정도로 풍부한 상상력을 발휘할 수 있는 것이다. 이 시각 능력을 발휘하기 위해서는 자기가 좋아하는 유명 프로의 완벽한 스윙을 마음 속에 그려보는 것이 좋다. 스윙 자체의 궤도뿐만 아니라 타구의 힘과 리듬을 상상력에 의해서 느낄 수 있도록 노력하라. 또한 그 상상력과 똑같은 공을 나도 칠 수 있다고 자신을 갖자.

많은 연습이 필요하기는 하지만 곧 자기가 상상하는 프로와 똑같은 훌륭한 타구를 하는 자신을 발견하게 될 것이다. 이 심리적인 훈련을 효과적으로 할 수 있는 방법은 적극적으로 상상하는 곳에 소극적인 생각이 들어갈 틈이 없다는 말이다.

숏 게임 땐 목표보다 공에 눈을 둬라

숏 게임에서는 홀컵이 목표이기 때문에 거리감을 잡는 것이 중요한 요소가 된다. 흔히 거리감이라고 하는 것은 연습을 통해 쌓아올린 경험으로 나타나는 결과여서 몸으로 느끼지 않으면 안 된다. 그런데 이 거리감을 정확하게 잡기 위해서는 무엇보다도 공을 정확하게 맞힐 줄 알아야 한다. 즉 공을 끝까지 보고 확실하게 맞히지 않으면 정확한 거리감을 잡을 수가 없다.

그러나 숏 게임은 홀컵까지의 거리가 가깝기 때문에 빨리 결과를 알고 싶어서 공에서 눈을 떼기가 쉽다. 그래서 숏 게임에서 미스샷이 많은 것은 오히려 심리적인 영향 때문일 때가 많다.

백스윙 때 공에서 눈을 떼면 숏 게임에서는 미스샷의 큰 원인이 된다. 눈이 공을 잃어버리면 두 손은 반사적으로 더 듬거리게 되어 다운스윙 때 손목이 빨리 꺾이면서 뒤땅을 때리게 된다.

이런 결점을 바로 잡으려면 그린 근처에서 목표를 보지 말고 연습공을 때려라. 이때 타구마다 그 결과를 보기 위해 공에서 눈을 떼서는 안 된다. 마음도 몸도 시종일관 공에만 집중시키고 정확하게 공을 맞히도록 노력하라. 이렇게 해서 공을 정확하게 맞힐 수 있게 되면 그 다음은 거리를 걱정하라.

스윙 컨트롤은 왼팔 힘을 이용하라

어드레스 자세는 프로와 다를 바 없고 톱스윙까지도 프로에 뒤지지 않으면서도 막상 다운스윙에 들어가면 아마추어 골퍼의 탈을 벗어나지 못하는 사람이 제법 많은 것을 볼 수 있다. 결국은 정확하게 다운스윙을 하고 있지 않다는 것이다. 다운스윙을 제대로 할 수 없는 한 공의 힘(장타)이나 방향은 정확할 수가 없다.

골프 스윙에서 오른손보다는 왼손의 힘이 센 편이 좋다고 한다. 왼손의 힘이 강하면 다운스윙 때 클럽을 똑바로 리드할 수가 있기 때문이다.

골프샷을 똑바로 힘 있게 하기 위해서 왼쪽에 의한 컨트롤을 강화할 필요가 있다. 이를 위해서는 왼팔만으로 공을 때리는 연습을 해 보자.

이렇게 연습을 거듭해서 어느 정도 자신이 붙으면 이제는 정상적인 두 손으로 클럽을 잡아라. 특히 다운스윙이 시작될 때 왼쪽이 리드하는 스윙이 될 수 있도록 컨트롤하지 않으면 안 된다. 오른쪽 힘은 특별히 의식하지 않아도 임팩트 싯점에서 저절로 나오게 된다. 이렇게 왼손이 주도하는 스윙을 하게 되면 목표선을 벗어나는 타구는 사라질 것이다.

발을 붙인 채 연습해 스웨이를 없애자

골프란 깊이 생각하면 할수록 수렁에 빠지기 쉽다. 스윙이 간단할수록 좋은 것처럼 생각도 단순할수록 좋다. 이것저것 많은 생각을 하다 보면 중병에 걸리게 된다. 골프 스윙에는 이러한 심술궂은 일면도 있는 것이다. 그러나 아마추어 골퍼의 모든 마스샷의 원흉은 머리를 드는 것과 백스윙 때 지나치게 몸이 오른쪽으로 쏠리는 것(스웨이)뿐이라고 확신을 가지면 놀라울 정도로 스윙이 쉬워질 것이다. 그런데 이 스웨이는 조금만 방심하면 바로 나타나는 결점이다. 스웨이를 하게 되면 스윙축이 흔들려서 슬라이스 훅과 같은 마스샷의 원인이 된다.

백스윙 때 체중을 지나치게 오른쪽으로 옮기려고 하기 때문에 허리가 항상 목표에서 멀리 빠지는 사람들이 있다.

이런 골퍼에게 올바른 어깨의 회전과 체중 이동의 감각을 일깨워주기 위해서는 다음과 같은 연습이 큰 도움이 될 것이다. 즉 두발을 맞붙이고 두손 두팔 양쪽 어깨만으로 클럽을 들어올리고 체중 이동은 전혀 의식하지 않도록 해 보라. 그 다음 맞붙인 발을 조금씩 넓혀 가면서 마지막에는 풀스윙 때의 정상적인 위치까지 넓혀도 허리는 빠지지 않게 될 것이다. 또한 양쪽 어깨를 충분히 돌릴 수 있게 되어 체중이 오른발 바깥쪽으로 달아나는 일은 없게 될 것이다. 이 방법으로 스웨이를 없애도록 노력하자.

테니스공으로 숏 퍼팅 연습을 하라

퍼팅에는 방법도 폼도 없다고 한다. 프로가 드라이버로 공을 정확하게 때릴 수 있도록 가르칠 수는 있어도 단 1m 의 퍼팅을 확실하게 넣을 수 있는 비결은 가르칠 수가 없다고 한다. 이것이 퍼팅의 어려움이요 속성이다.

짧은 거리의 퍼팅을 미스하는 것은 대개 기술적인 것보다는 불안이나 자신감이 없는 데에 기인한다.

이것을 극복해서 자신 있게 때릴 수 있는 간단하면서도 효과적인 방법은 테니스공으로 퍼팅 연습을 하는 것이다.

테니스공과 골프공을 연습 그린 위에 놓고 먼저 테니스공부터 시작해 보자. 1m 정도 떨어져서 이 커다란 공을 연속해서 홀컵 속으로 들어갈 때까지 때려라. 미스하면 다시 시작하라. 테니스공을 연속해서 넣고 나면 이번에는 골프공으로 때려 보라. 이때 골프공은 아주 작게 보일 것이고 홀컵은 크게 보일 것이다.

골퍼 사이에 전해 내려오고 있는 말 중에 '네버업, 네버인'(never up, never in)이라는 말이 있다. 퍼팅은 아무리 방향이 정확해도 공이 홀컵까지 미치지 못하면 들어가지 않는다는 말이다. 그래서 퍼팅은 홀컵을 약간 지나갈 정도의 힘으로 때려야 한다는 교훈이다.

보조 클럽을 사용해서 방향잡는 연습을

골프란 제아무리 스윙이 좋아도 목표에 대해서 바르게 서 지 않으면 결국은 미스샷이 되고 만다.

아마추어 골퍼의 모든 것(그립, 어드레스, 스탠스)은 스 퀘어가 기본이라는 말을 아마도 기억할 것이다. 흔히 어드 레스 자세에서 두 어깨가 목표선과 평행이 되도록 맞추게 되면 왼쪽 어깨가 목표를 보게 되어 결국은 목표 오른쪽을 향해 서는 결과가 되는 일이 많다. 그래서 일반적으로 공 뒤에 서서 목표를 확인한 후 공과 목표를 연결하는 선상, 공에 가까운 지점에 중간 목표를 정하게 된다. 이렇게 해서 설사 목표에 대해서 바른 방향으로 섰다고 해도 공을 보내 려고 하는 방향을 직접 몸으로 느낄 수 없으면 성공하기는 힘들 것이다. 그래서 어드레스 때의 방향 감각을 바로잡을 수 있는 방법을 생각해 본다.

잭 니클로스나 톰 왓슨 같은 완벽한 플레이어라도 연습장 에서는 방향을 가리키는 보조 클럽을 사용하고 있다.

골퍼라면 그 누구도 정확하게 방향을 잡는 것을 소홀히 해서는 안 된다. 공 바로 가까운 지점에 목표선과 평행이 되게 보조 클럽을 놓는다. 그러면 클럽페이스가 직각이 되 고 있는지 아닌지를 알 수 있고 두 발 허리 양 어깨 두 눈이 목표선에 대해서 평행이 되어 있는지를 확인하기가 쉬울 것 이다.

경사진 라인선 공이 휘는 정도 계산을

프로들이 퍼팅하기 전에 퍼터의 샤프트를 수직으로 세워서 무엇을 열심히 확인하는 것을 볼 수 있다. 이것은 경사진 퍼팅 라인을 읽고 있는 것이다.

특히 경사진 라인에서의 퍼팅은 그 휘는 정도의 계산이 승부를 좌우하게 된다.

경사잔 그린에서 공이 휘는 정도를 조절하는 방법을 알기 위해서는 이런 연습을 하는 것도 좋을 것이다. 즉 연습 그린 위에 경사진 지점을 골라 잡는다. 퍼팅 라인을 확인하고 여러 개의 공을 그 선에 따라 늘어놓고 첫번째 퍼팅은 홀컵 앞에서부터 시작하고 적당한 간격으로 놓은 공을 뒤로 물러나면서 차례로 쳐 나간다. 첫번째 공을 홀컵에 넣고 나면 다음 공은 앞의 공이 있던 지점을 통과하도록 하고 홀컵까지의 거리에 맞게 차례로 때린다. 이때 반드시 앞의 공이 있던 지점을 적당한 속도로 지나가도록 하는 것이 중요하지 공을 홀컵에 넣을 필요는 없다. 이 연습을 통해서 경사진 그린에서의 퍼팅 감각을 살릴 수가 있을 것이다.

또 한 가지 유의할 것은 경사진 퍼팅 라인에서는 '네버업, 네버인'의 교훈을 다시 한번 상기해 보자. 이때의 뜻은 홀컵의 높은 쪽을 겨냥해야 한다는 것이다. 퍼팅에서는 크게 보고 들어가지 않더라도 적극성을 띠어야 한다는 또 다른 교훈이다.

연습공은 거리를 정해 놓고 때려라

만일 골프에서 스코어를 줄일 수 있는 비결이 있다면 그
것은 거리의 컨트롤일 것이다. 제아무리 훌륭한 스윙폼으로
장타를 날릴 수 있는 능력이 있어도 각 클럽에 맞는 자기 거
리를 갖고 있지 않으면 골프 게임에서는 승리의 기쁨도 하
루의 즐거움도 맛볼 수 없을 것이다.

골프에서 자기 거리의 컨트롤이 얼마나 중요한가에 대한
에피소드 한 토막을 소개한다.

어느 날 벤 호건이 4번 아이언으로 연습공을 치고 있을
때 어느 정도의 거리를 연습하고 있느냐고 물었다. 호건은
"174야드와 176야드"라고 대답했다. 잘 이해가 가지 않은
이 아마추어 골퍼는 "설마 174야드에서 176야드 사이를 겨
냥하는 것은 아니겠지요"하고 되물었다. 이에 대해 "아니,
첫번째는 174야드에, 그 다음은 176야드를 보고 때리는
중"이라고 대답했다 한다.

물론 벤 호건도, 아니 어느 유명 프로도 실제의 자기 거
리를 그렇게까지 정확하게 컨트롤할 수 있는 프로는 아무도
없다. 다만 이들은 그렇게 되려고 노력하고 있을 뿐이다.
우리 아마추어에게도 자기 거리의 확보란 절대적으로 필요
하다. 그것은 홀을 효과 있게 공략할 수 있는 유일한 무기
이기 때문이다.

특정 거리에 있는 목표를 향해서 연습공을 때리고 자기
거리를 갖도록 하자. 이렇게 시각적인 연습을 하게 되면 방
향과 거리 양쪽에 적합한 스윙 감각을 찾을 수 있을 것이다.

2개의 자를 나란히 놓고 퍼팅 연습을

퍼팅에는 일정한 폼이 없다. 즉 폼이 좋기 때문에 퍼팅이 잘 되는 보장도 없고 반대로 폼이 나쁘기 때문에 공이 전혀 들어가지 않는 것도 아니다. 어떤 모양으로라도 공이 홀컵 속으로 들어가기만 하면 되는 것이 퍼팅의 묘미이기도 하다. 그래서 골프에서 아마추어가 프로를 앞설 수 있는 부분이 있다면 단 하나 퍼팅뿐일 것이다.

퍼팅을 잘하는 사람은 대체로 견실하고 확실하게 공을 때려 준다. 백스트로크가 너무 크면 공을 때리는 힘을 약하게 할 위험성이 많다. 공을 때릴 때 퍼터의 속도가 느리면 두 손이 흔들려서 퍼터페이스가 목표선 밖으로 벗어나게 된다.

그래서 퍼팅의 명수가 되려면 확실하고 짧게 때릴 수 있도록 정신을 집중해야 한다. 이를 위해서는 짧은 거리(1~2m)의 직선 라인의 퍼팅 연습을 많이 하는 것이 바람직하다.

이를 위한 효과적인 연습 방법은 두 개의 의자를 준비하고 한 개는 퍼팅 라인의 바깥쪽에, 다른 한 개는 안쪽에 놓는다. 이때 의자 자체가 방향을 바로 잡아주는 역할도 하거니와 퍼터페이스가 목표선과 직각이 되게 하는 데에도 큰 도움이 된다. 특히 이 연습을 할 때에는 백스트로크를 비교적 짧게 하고 부드럽게 끌어야 한다는 것을 잊어서는 안 된다.

홀컵보다 작은 원에 퍼팅 연습을

아마추어 골퍼의 결정적인 약점은 그린 위에 있다. 모처럼 어렵게 그린 위에 올려놓고 나서(그것이 파온이든 보기온이든간에) 여기서부터 스리퍼팅으로 스코어는 무너진다. 이것이 아마추어 골퍼, 특히 초보자의 전형적인 스타일이다. 그러면서도 아마추어가 어렵지 않게 프로의 기량에 가까와질 수 있는 것도 그린 위에서이다. 모든 샷에서는 도저히 상대가 될 수 없어도 그린 위에서의 승부라면 당당하게 겨루어볼 수 있는 가능성은 충분히 있기 때문이다.

퍼팅에서 프로와 아마추어가 다른 점은 기본적인 스트로크 그 자체에 차이가 있다 하겠다. 테이크백 때 퍼터를 가볍게 끌 줄 아는 아마추어 골퍼는 의외로 많지가 않다. 이것은 항상 일정하게 그리고 확실하게 공을 때려주는 리듬이 없다는 것이다. 홀컵을 살짝살짝 스치고 지나갈 때마다 오히려 홀컵이 작은 것을 원망하게 되는 소극적인 자세가 아마추어 골퍼의 약점이기도 하다.

그래서 퍼팅 기술을 연마하려면 작은 목표물을 대상으로 연습하는 것이 좋다.

4 인치인 정상적인 크기의 홀컵 대신 크기가 작은 홀컵이나 원을 가상해서 연습을 함으로써 적극적인 마음의 자세를 가다듬자.

목표를 축소하는 것은 퍼팅 감각을 살릴 뿐만 아니라 정상적인 홀에서 퍼팅할 때 자신감을 갖게 하는 역할도 하기 때문이다.

퍼팅 감각 익히려면 공 굴리는 연습을

롱 퍼팅에 강해지려면 무엇보다도 자기 공의 성향을 알아둘 필요가 있다. 어느 정도 골프를 해본 사람이라면 먼 거리에서 퍼팅 연습을 해 보면 대개 공이 홀컵을 전후하여 조금 짧거나 길게 때리고 있을 것이다. 즉 1~2m씩이나 옆으로 방향이 틀어지기보다는 앞뒤로 1~2m정도 짧거나 길어지는 경향이 많을 것이라는 말이다. 그래서 전후 거리의 오차의 폭을 좁히는 것이 롱 퍼팅에 강해질 수 있는 필수조건이라 하겠다. 다시 말하면 롱 퍼팅에서는 방향보다는 거리의 조절을 우선해야 한다는 말이다.

골프 스윙의 기본 원리는 폴로스루에 있다는 말을 다시한번 기억해 보자. 10~20m의 롱 퍼팅에서는 얼마만큼 홀컵에 가깝게 붙이는가가 문제가 된다. 이때 중요한 것은 퍼팅에서도 필요한 만큼의 폴로스루를 해 주어야 한다는 사실이다.

프로나 아마추어를 불문하고 퍼팅의 명수는 거리에 대한 감각이 뛰어나다.

이 기술을 연마하려면 연습 그린 위에서 퍼터를 잡지 말고 공을 아래서 위로 홀컵 쪽으로 가볍게 굴리는 연습을 해보자. 이렇게 하면 거리가 멀어질수록 홀컵 쪽으로 팔을 충분히 뻗지 않으면 안 된다는 것을 알 수 있을 것이다. 그리고 이와 똑같은 원리가 퍼팅에도 적용된다는 사실을 알게될 것이다. 거리가 멀어질수록 퍼터는 홀컵 쪽으로 뻗게 되고 공도 그만큼 멀리 굴러갈 것이다.

퍼팅할 때 공을 왼쪽 눈 바로 밑에 두라

퍼팅은 공을 확실하게 때려야 한다는 말을 자주 들어왔다. 이 말은 주저하지 말고 정확하게 그리고 자신 있게 때려야 한다는 뜻도 포함된 표현이다. 그러나 아무리 정확하게 때리려고 해도 정확하게 때릴 수 있는 바른 자세를 하지 않고서는 불가능한 일이다.

퍼팅을 잘하는 골퍼들은 퍼터페이스의 중심으로 공 한가운데를 때린다는 공통된 원리가 있다. 그러기 위해서는 공이 머리, 정확하게 왼쪽 눈 바로 밑에 오도록 하는 것이 가장 이상적인 자세이다. 이런 자세에서만 정확한 퍼팅 라인을 잡을 수가 있고 더우기 공이 정상적인 오버스핀으로 굴러가는 타구를 할 수가 있다. 그런데 일반 플레이어들은 두 눈이 목표선을 벗어난 상태에서 퍼팅 자세를 하고 있는 것을 모르고 있을 때가 많다.

이렇게 잘못된 퍼팅 자세는 공을 때리기 전에 홀컵의 위치를 확인하기 위해 머리를 왼쪽으로 돌렸을 때 혼란에 빠지게 된다.

퍼팅 자세를 바로잡는 방법은 간단하다. 즉 정상적으로 스탠스를 잡고 다른 공 하나를 왼쪽 눈에 대고 밑으로 떨어뜨려라. 바른 자세를 하고 있으면 이 공은 반드시 퍼팅하려는 공 위나 아니면 바로 뒤에 떨어질 것이다.

이렇게 해서 두 눈을 확실하게 목표선상에 놓는 자세를 잡도록 하자.

칩샷은 손목 힘 빼고 낮게 눌러 때려라

웨지나 숏 아이언으로 하게 되는 칩샷에서는 공을 떠올리려는 경향이 많다. 이것은 일반 아마추어 골퍼의 습성이다. 그러나 칩샷뿐만 아니라 골프는 어떤 클럽으로도, 어떤 경우에도 공을 떠올려서는 안 되는 것이 원칙이다. 특히 칩샷은 공을 떠올리지 않아도 클럽이 대신 뜨게 해 준다는 원리를 잊지는 않았으리라.

롱 아이언이 쓸어치는 타법이라면 숏 아이언은 찍어치는 다운블로가 아이언샷의 기본이다. 다운블로의 타법이 마치 힘으로 내려치는 것이라고 흔히 생각하기 쉬우나 숏 게임은 거리가 아니라 방향이 중요한 것이기 때문에 절대로 힘을 넣어서는 안 된다는 것도 잊지는 않았으리라.

칩샷을 연습할 때는 공앞 1m 거리에 물통이나 골프백 같은 장애물을 놓고 연습하는 것이 바람직하다. 오래지 않아 공은 떠올리지 않아도 틀림없이 장애물 위를 뛰어 넘어간다는 것을 알게 될 것이다. 또한 공을 내려침으로써 순간적으로 공이 위로 떠올라가게 하는 예리하게 찍어치는 타법도 익히게 될 것이다. 그래서 왼팔과 왼손의 힘이 어떻게 작용하고 있는가를 느끼도록 하라. 또 임팩트 전이나 후에 왼쪽 손목을 꺾어서는 안 된다는 것을 잊지 말자.

이렇게 연습을 거듭하면 코스에서는 위에서 아래로 내려쳐서 낮게 눌러 주는 타법을 재현할 수 있게 될 것이다.

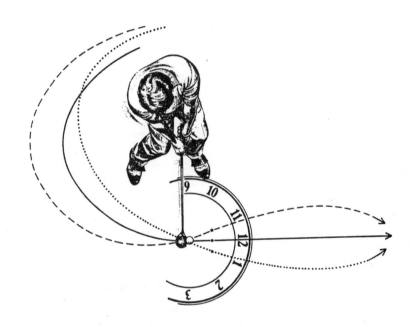

15cm 앞에 티 꽂고 스윙 연습을

골퍼라면 누구나 겪어야 하는 과정처럼 일반화된 고질적인 병이 슬라이스와 훅이다. 이것 때문에 우리는 얼마나 많은 고통과 시련을 겪고 있는지 모른다. 드디어 각고의 노력 끝에 어느 정도 직선 타구를 할 수 있게 된다. 아마추어 골퍼가 항상 직구만을 때릴 수 있다면 수준급의 경지에 이른 거나 마찬가지이다. 그러나 골프 게임에서는 그렇게도 지겹던 슬라이스나 훅볼을 때려야 하는 경우가 있게 마련이다. 이때에는 의도적으로 휘는 공을 쳐야 하는데 이번에는 이것이 또 제대로 되지 않는다. 참으로 어처구니없는 노릇이다.

슬라이스공을 치려면 스윙 궤도가 목표선을 아웃사이드인으로 가로 질러서 통과되어야 하고 훅일 경우에는 이와 반대로 인사이드아웃이 되지 않으면 안 된다. 공을 깎아치면 날아가면서 휘는 사이드스핀이 걸리게 된다.

원하는 스윙 궤도대로 방향을 맞추려면 공 앞 15cm지점에 표적용으로 티를 꽂고 연습하라. 직구를 칠 때에는 목표선 위 12시 방향에 티를 꽂아라. 슬라이스라면 목표선 안쪽, 즉 11시 방향에, 훅이면 목표선 바깥쪽 1시 방향에 꽂으면 된다. 이렇게 해서 티를 중간 목표라고 생각하고 공이 그 선을 따라갈 수 있도록 스윙하라. 그러나 이 방법은 연습 때만 해야지 정상 플레이에서 중간 목표로 티를 꽂으면 규칙상 반칙이 된다는 것을 잊지 말자.

긴장될 땐 공에 종이컵 덮고 연습하라

힘이 들어가면 들어갈수록 공은 멀리 가지 않는다. 공을 멀리 보내고 싶을 때에는 반대 심리를 이용해서 힘을 빼고 긴장을 풀어야 한다. 그래야 타이밍도 리듬도 살아나게 된다. 타이밍이 좋으면 장타를 날릴 수 있는 것이 골프 스윙의 원리이다. 그런데 공이 제대로 맞지 않는 골퍼일수록 티위에 올려놓은 공을 보기만 하면 두려움이 앞선다. 자기 약점에 대한 공포 심리의 자각 증상이 일어나기 때문이다. 이런 때에는 아예 공을 보지 않고 공을 때리면 퍽 효과가 있을 것이다. 그런데 어떻게 공을 보지 않고 때릴 수가 있단 말인가. 공을 보되 보이지 않는 것 같은 상상력에 의한 심리 작용을 이용하자는 것이다.

긴장하면 공을 완전히 때리지 못하고 그저 맞히기만 하는 경향이 되기 쉽지만 이것을 극복하는 간단한 연습 방법을 소개한다. 평상시 드라이버샷을 할 때처럼 티 위에 공을 놓고 그 위에 큰 종이컵을 덮어라. 보통 티샷을 할 때처럼 컵을 향해서 어드레스하고 공을 때려라. 그러면 공은 종이컵을 뚫고 평상시와 다름없이 깨끗한 탄도를 그리면서 날아갈 것이다.

이렇게 해 골프 코스에서 중압감에 압도될 때에는 공 위에 종이컵이 덮여 있다고 생각하고 마음 놓고 스윙하도록하자. 참 별난 연습 방법도 있다고 웃어넘기지 말자.

칩샷 체중은 왼발에, 공은 오른발 앞에

그린 주변에서의 러닝어프로치, 즉 칩샷은 퍼터와 똑같은 감각과 요령으로 때리면 된다고 한 것을 기억할 것이다. 즉 아이언 클럽의 로프트를 퍼터페이스처럼 세워서 때리라는 것인데 그러려면 공을 오른발 쪽으로 놓아야 하는 것은 당연한 이치이다. 이때 그립을 잡은 두 손은 어디에 놓이게 되겠는가. 물론 왼쪽으로 기울어지게 될 것이다. 어떻게 보면 이론 같지도 않은 지극히 평범한 사실을 비웃고 넘어가지 말자. 골프에서 타법의 요령이란 모두 '콜롬부스의 달걀' 같은 것이어서 몰라서 못하지 힌트만 주면 누구나가 쉽게 할 수 있는 것뿐이니 안심하고 익혀 보도록 하자.

장애물이 가로 놓여 있지 않은 그린 근처에서는 자기가 좋아하는 클럽으로 체중이 왼발에 많이 걸리도록 자세를 잡고 공은 오른발 앞에, 두 손은 왼발 쪽으로 놓아 로프트를 죽여라. 클럽을 마치 시계추처럼 움직여서 되도록 손목을 쓰지 말고 부드럽게 스윙하라. 이때 폴로스루를 크게 할 필요는 없다. 다만 다운스윙 때 공 뒤를 가볍게 내려치는 감각을 잡도록 하라. 공은 비교적 낮게 날아가서 홀컵 쪽으로 굴러갈 것이다. 때로는 공이 홀컵 속으로 빨려들어가는 쾌감을 맛볼 수도 있을 것이다.

스윙의 크기에 따라서 거리가 달라지는 감각을 익혀야 하는 것도 잊지 말자.

효과적인 체중 이동은 야구 선수처럼

다운스윙은 몸 어느 곳에서부터 시동하는 것이 좋은가. 이것은 사람마다 느끼는 감각이 다르기 때문에 어느 것 하나만을 꼬집어서 요구할 수는 없는 것이고 또한 강요해서도 안 된다.

생각나는 대로 늘어놓으면 왼쪽 허리를 돌리면서 체중을 왼쪽에 실어라. 오른쪽 무릎을 왼쪽 무릎에 붙여라. 왼손의 그립 끝을 땅으로 끌어내려라. 오른쪽 어깨를 턱 밑으로 넣어라……등등 여러 가지 방법이 있을 것이다. 그 중에서도 체중 이동은 장타를 위한 절대적인 요소가 아닐 수 없다.

그래서 다운스윙에서는 정확한 체중 이동과 상반신과 하반신의 적절한 조화를 이룬 타이밍을 느끼지 않으면 안 된다. 이를 위한 연습 방법 하나를 소개한다.

먼저 정상적인 어드레스 자세에서 미들 아이언을 잡고 티 위에 공을 놓는다. 그 다음 왼발을 오른발 쪽으로 옮겨놓고 클럽헤드도 그 거리만큼 뒤로 옮긴다. 이 위치에서 클럽을 정상적인 스윙으로 들어올리고 이어서 다운스윙을 하면서 왼발을 처음 위치까지 왼쪽으로 내딛는다.

즉 야구 선수처럼 발을 내딛는 것인데 이 동작은 정상적인 스윙에서 상반신의 정확한 움직임과 체중 이동의 요령을 느끼게 하는 데 큰 도움을 줄 것이다.

백스윙은 테니스공을 뒤로 밀어내듯

백스윙을 시작할 때 클럽헤드를 어느 방향으로 어떤 감각으로 끌어야 좋을까. 백스윙을 시작해서 30~40cm 오른발 앞까지는 목표선 위를 직선으로 끄는 것이 기본이라고는 했지만 그 감각을 찾아내기란 쉬운 일이 아니다. 이렇게 테이크백의 감각을 찾지 못할 때에는 무엇보다도 롱 퍼팅 때의 백스윙을 머리에 떠올리면 어느 정도 감을 잡을 수 있을 것이다.

낮게 여유 있게 빠르지 않게 퍼터헤드를 뒤로 끄는 느낌을 그대로 드라이버샷에 응용하자는 발상에서이다.

백스윙 때 어깨나 손목에 힘이 들어가면 클럽헤드가 뒤로 부드럽게 끌리지 않는다. 여기서 다시 한번 복습해 보자.

백스윙은 부드럽고 낮게, 그리고 적당한 타이밍으로 해야 한다고 하지 않았던가. 이것을 몸으로 느끼고 눈으로 볼 수 있는 방법으로 테니스공을 이용한 연습 요령을 소개한다.

먼저 어드레스 위치를 정하고 테니스공을 클럽헤드 뒤에 놓는다. 테이크백 때 왼팔과 클럽헤드가 테니스공을 밀어내는 감을 느끼도록 하라. 가볍게 그립을 잡으면 테니스공이 클럽헤드 뒷면에 달라붙는 감을 느끼게 될 것이다.

이것은 클럽헤드가 정상적인 궤도로 끌리고 있다는 증거이고 그 결과 정확하고 완전한 백스윙과 체중 이동을 할 수 있게 될 것이다.

공 뒤에 장애물 놓고 칩샷 연습을

초보자들은 그린에 굴려서 올리는 타구를 할 때 흔히 공 머리를 치거나 뒤땅을 때리게 된다. 그 원인은 어드레스 때 손의 위치가 잘못된 경우가 많다. 손이 클럽헤드보다 뒤로 처져 있으면 클럽페이스의 밑날에 공이 맞기 쉽다. 그래서 어드레스 때 두 손을 공보다 조금 앞 목표 쪽으로 나오게 하면 훨씬 정확하게 공을 맞힐 수가 있다. 이 조그마한 힌트 하나가 초보자에게는 자신 있는 플레이를 할 수 있게 해주는 활력소가 될 것이다.

로프트가 큰 클럽으로 칩샷을 할 때에는 다운블로로 때리는 것이 좋다고 한다.

즉 공을 스탠스 오른쪽에 놓고 체중을 왼쪽에 걸리도록 하면 완전한 다운블로의 타구를 할 수가 있게 된다. 이런 자세를 제대로 하면 두 손은 앞쪽으로 오게 되어 왼쪽 허벅지나 왼발 무릎 쪽에 놓이게 될 것이다. 이 자세에서 테이크백을 하게 되면 클럽을 좀더 위로 끌어올리게 되고 다운스윙에서는 그만큼 급각도로 예리하게 끌어내릴 수가 있게 된다. 이때의 타구는 직선으로 날아가다 땅에 떨어지면 홀컵 쪽으로 굴러가게 된다.

이런 타구를 몸에 익히기 위해서 공 뒤에 장애물을 놓고 공을 때리는 연습을 해 보자.

이 연습을 통해서 다운블로의 타법을 배우게 되고 클럽헤드는 올라간 자리로 다시 내려온다는 스윙의 원리를 깨닫게 될 것이다.

오른팔을 엎는 것은 공을 던지듯이

장타를 날리기 위해서는 몇 가지 조건이 있다. 그 중의 하나가 폴로스루 때 오른손이 왼손 위에 와야 한다는 것이다. 즉 오른쪽 손목을 왼쪽으로 돌려 엎는 것을 말한다. 이렇게 되려면 오른팔은 쭉 뻗어 있지 않으면 안 된다. 바꾸어 말하면 폴로스루 때 오른팔을 뻗으면 자연히 오른손은 왼손 위에 놓이게 된다. 그런데 폴로스루 때 오른손을 구부리지 않고 편다거나 오른쪽 손목을 엎는다는 말의 뜻은 이해하면서도 실제로 어떻게 해야 하는 것인지 그 방법을 모르는 초보자가 많다.

흔히 스윙을 설명할 때 다운스윙에서는 목표선 안쪽으로 클럽을 끌어내려서 공을 맞히고 나면 임팩트 직후에는 오른손을 왼손 위에 엎혀 돌아가도록 돌려주라고 한다. 이 오른손을 엎는다는 감각을 알리기 위해서는 어드레스 자세에서 오른손으로 공을 잡고 왼손으로는 그립을 잡은 채 클럽헤드를 공이 있어야 할 위치에 놓고 위로 세워라. 그리고 나서 오른손에 잡은 공을 왼손 밑으로 목표선을 향해 가볍게 던져라. 이때 공이 날아가다 왼쪽으로 휘도록 오른쪽에서 왼쪽으로 스핀을 걸면서 던져 보자. 이것은 마치 탁구에서 스매싱을 할 때의 오른손의 동작과 같은 것이다.

이 요령이 골프 스윙에서 오른손과 오른팔이 어떻게 움직여야 하는가를 알게 해 줄 것이다.

하체 고정시키고 어깨만 돌려 백스윙을

백스윙 때 클럽헤드의 스윙 평면은 플레이어의 키에 따라 다소 오차는 있지만 45도의 경사를 유지하는 것이 일반적인 현상이다. 이것은 그 경사만큼 목표선 안쪽, 즉 몸 쪽으로 클럽헤드가 움직인다는 증거이다. 그런데 테이크백에서 클럽헤드를 오른발 앞까지 직선으로 끌 때 허리까지도 오른쪽으로 따라가는 골퍼를 많이 보게 된다. 이때 중심축을 움직이지 않고 클럽을 들어올리면 클럽헤드는 당연히 목표선 안쪽으로 들어오게 마련이다. 즉 클럽헤드는 오른발 앞을 지나면서부터 안쪽으로 들어오게 되는데 그 이상 직선으로 끌면 중심축도 오른쪽으로 따라 움직이지 않을 수 없게 되어 이것이 스웨이의 원인이 된다. 그렇다고 해서 테이크백을 하자마자 안으로 끌면 콤파스의 원처럼 백스윙 전체가 답답할 뿐 아니라 다운스윙 때 클럽을 내던질 여유가 없게 된다.

특히 초보자들은 백스윙 때 어깨를 돌리지 못하고 밖으로 밀어내거나 끌고 가는 경향이 많다. 이런 결점을 보완하기 위해서는 하체를 고정시키고 클럽을 들어올리면 백스윙의 감각을 쉽게 느낄 수가 있을 것이다.

이를 위해서는 두 무릎을 꿇고 공을 때리는 연습을 하면 두 어깨를 많이 쓸 수 없기 때문에 백스윙 때 클럽헤드의 무게를 느끼게 되고 어깨와 팔이 어떻게 조화를 이루는가를 알게 될 것이다.

또 이 연습은 인사이드의 스윙 궤도를 유지할 수 있게 되어 타구의 방향도 정확해질 것이다.

손과 눈의 협동력 기르게 다른 운동을

골프 게임에서는 머리를 쓰지 않으면 안 되지만 스윙 때에는 머리가 방해가 되는 때도 있다. 머리는 무겁기도 하거니와 눈이 있어서 움직이기 쉽기 때문이다. 흔히 듣게 되는 '머리를 들지 말라'는 말은 공에서 눈을 떼서는 안 된다는 말이다.

이왕 '헤드업'이란 말이 나왔으니 한 마디만 하고 넘어가자. 스윙 때 공을 꼭 보아야 하는 결정적인 순간은 임팩트 직전인데 일반 아마추어 골퍼는 어드레스에서 톱스윙까지만 공을 보고, 아니 공을 보려고 애쓰고 다운스윙이 시작되면서 임팩트 사이에서는 공에서 눈을 떼는 나쁜 습성이 있으니 명심하기 바란다. 그럼 오늘의 본론으로 들어가자.

골프를 잘하기 위해서 골프 외에 다른 운동을 하는 것은 손과 눈의 상호 협동력을 증진시키는 데 많은 도움이 된다.

골프 스윙에서 두 손이 눈에 의해서 얼마만큼 효과적으로 작용하는가는 자율신경에 의한 운동 기능의 중요성을 인정한다면 누구나 쉽게 이해할 수 있을 것이다.

다행히 농구, 야구, 하키, 탁구 등 여러 가지 운동이 있기 때문에 만능 선수가 되는 기회는 얼마든지 있다. 많은 운동을 하면 할수록 '손과 눈'의 협력 작용은 잘 이루어진다는 것을 잊어서는 안 된다.

그림에서 보는 여러 가지 장난기 같은 심심풀이 운동도 골프에 도움이 된다는 것을 안다면 한번쯤 시도해 볼 만한 일이 아니겠는가.

Right hand only

Left hand only

두 팔의 힘이 조화 이뤄야 스윙 정확

일반적으로 골프는 왼손으로 하는 게임이라고 말할 정도로 왼손 왼팔 왼쪽 어깨, 즉 좌반신 주도형의 스포츠임에 틀림없다. 그렇지만 오른손잡이가 좌반신 주도형의 스윙만을 하게 된다면 힘이 반으로 줄어들 것은 뻔한 이치가 아니겠는가. 하기야 욕심에는 한이 없다지만 이왕이면 오른쪽도 가세해서 좌우 조화 있는 상호 협력 작용에 의한 스윙을 할 수만 있다면 얼마나 활기 넘친 스윙이 될지는 보지 않아도 충분히 상상할 수 있을 것이다.

골프는 본시 두 손으로 하는 운동이다. 어느 누구도 한쪽 팔이 다른 한쪽 팔을 지배하게 되어서는 안 된다. 두 팔의 힘이 같아야 된다는 말이다. 즉 두 팔의 힘이 하나가 되어서 서로 조화를 이루고 일관된 자연스러운 스윙을 할 수 있을 때 비로소 스윙은 완성되는 것이다.

초보자에게 왼팔 주도형의 스윙을 강요(?)하는 것은 일반적으로 왼팔의 힘이 오른팔보다 지나치게 약하기 때문에 오른팔로 써야 한다고 한다면 힘 있고 편리한 오른팔만으로 때리기 쉽기 때문이다.

이토록 두 팔이 서로 협력해서 움직일 수 있도록 하려면 좌우 번갈아가며 한 손만으로 스윙을 해서 공을 때려 보는 연습을 하게 되면 좋을 것이다.

이때 스윙을 빨리 하거나 힘 있게 할 필요는 없으며 다만 공을 정확하게 맞힐 수 있도록만 노력해 보자.

피니시는 스윙의 마무리이다

초보자는 말할 것도 없고 제법 오랜 경력을 쌓은 골퍼도 어드레스 때에는 꽤 신중한 태도이다. 하기야 어드레스는 스윙의 시작이기 때문에 그것은 그렇다 치자. 그런데 공을 맞히고 나서 피니시는 대개 무시하고 있다. 아니 무시한다 기보다는 피니시의 중요성을 모르고 있는 것 같다. 피니시 는 스윙의 마지막 단계이다. 골프는 스윙이 전부라고 한 말 을 기억할 것이다. 여기서 말하는 좋은 스윙이란 아마추어 골퍼가 생각하는 임팩트나 클럽헤드의 스피드를 말하는 것 은 아니다. 피니시를 중요시하는 스윙을 말하는 것이다.

프로와 아마추어의 스윙이 다른 점은 헤드스피드나 몸의 움직임이 아니라 피니시라고 단언한다면 지나친 표현일까. 일반 아마추어 골퍼의 잘못된 스윙의 유형을 살펴보자. 공 을 때리고 나서 뒤로 비틀거리거나 앞으로 쓰러지듯 중심을 못 잡거나 때로는 옆으로 두 발을 벌리기도 하고 도대체 상 체건 하체건 안정감이 하나도 없다.

그러면 프로들의 스윙은 어떤가. 유명 프로들의 피니시는 각각 개성은 다르지만 원칙적으로 일정한 폼을 유지하고 있 음을 우리는 본다. 특히 눈에 띄는 것은 피니시 상태에서 날아가는 공을 놓치지 않고 끝까지 바라보고 있다는 사실이 다. 이것은 체중 이동이 완전하고 몸의 회전도 빈틈없이 이 루어진 결과이기 때문이다.

스윙의 3요소는 집중, 정확, 자신감

사람은 사람이 가야 할 길이 있고 차는 차가 가야 할 길이 있다. 모두 바른 길을 가야 하는 것은 물론이다. 골프 스윙에서도 클럽헤드가 따라 움직여야 할 스윙 궤도란 게 있다. 기차바퀴가 레일을 벗어났을 때 탈선의 위험이 따르듯 궤도에서 벗어난 골프 스윙도 공을 바르게 목표 지점으로 날라 줄 수는 없는 것이다.

그런데 모든 길은 눈에 보이지만 클럽헤드가 따라가는 길은 눈에 보이지 않는다. 단지 무리없이 자기 몸에 맞게 움직일 수 있을 때 골프 스윙은 정착되는 것이다. 그래서 백인백색의 스윙 폼이 탄생될 수밖에 없는 것이 골프이다. 그렇다면 나도 내 스윙 폼에 자신을 가질 수 있지 않겠는가.

골프 게임에 3요소란 게 전해 오고 있다. 흔히 3C라고 말하기도 한다. 즉 정신 집중(concentration), 정확성(correctness), 그리고 자신감(confidence)이다. 어느 것 하나 빼놓을 수 없는 중요한 요소들이다.

그 중에서도 '자신감'은 무엇보다도 기본적인 요소이다. 관념적으로나마 골프 이론을 알고 있다면 이번에는 그것을 실천으로 옮겨보아야 하는 때가 아니겠는가.

적극적인 노력을 거듭하면 '자신감'도 생겨나리라. 그러면 유명 프로의 스윙 폼도 부러워하게 되지는 않으리라. 자신 있는 스윙으로 내 스타일의 골프를 개발하자.

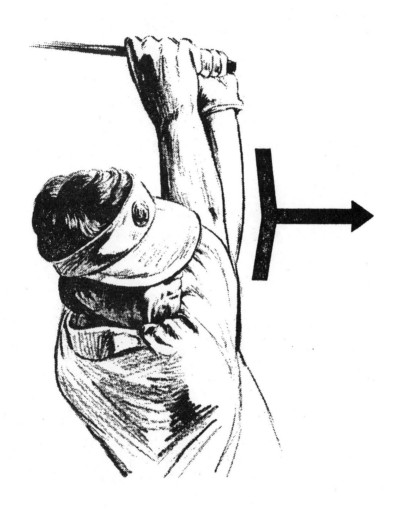

피니시 때 두 팔꿈치가 목표를 향해야

이상적인 피니시란 어떤 모습을 말하는 것일까. 먼저 생각할 수 있는 것은 왼발 뒤꿈치에 체중을 싣고 그것을 오른발 엄지발가락으로 받쳐 주는 모습을 상상할 수 있으리라. 이것은 오른쪽 무릎이 왼쪽 무릎에 닿고 그러면서도 왼쪽 무릎이 밖으로 빠져나가지 않는 자세라야 한다. 피니시 때 앞으로 쓰러지는 것은 왼쪽 무릎이 확고하게 어드레스 때의 위치에 머물러 있지 못하기 때문이다. 즉 피니시 때 두 팔뚝의 아래쪽이 목표를 보고 있어야 하는 것도 중요한 요소의 하나이다. 이때 몸도 공이 날아가는 쪽을 보고 있어야 하는 것은 물론이다. 알기 쉽게 말하면 배꼽이 목표 쪽을 향하고 있어야 한다.

피니시 때 허리가 펴진다든가 굽어 있다든가 하는 것은 크게 문제가 되지 않는다. 그것은 플레이어의 키에 따라 스윙 평면이 다르기 때문이다. 즉 꼿꼿이 선 자세의 스윙은 피니시가 높아지고 등을 숙인 자세에서는 피니시의 자세도 낮아질 수밖에 없다.

때로는 피니시가 이상한 유명 프로(그 대표적인 것이 아놀드 파머이다)도 있지만 완전히 타구를 했을 때에는 반드시 어드레스 때의 상반신의 각도를 그대로 유지해서 몸 전체의 균형이 잡혀 있는 것을 알 수 있다. 스윙 때 상하 운동이 일어나게 되면 어드레스 때와 피니시 때의 각도가 일정해질 수 없으며 상반신의 각도는 끝까지 무너져서는 안된다.

퍼팅 연습은 즐거운 마음으로 해야

골프 게임에서 상상을 초월한 것이 퍼팅이다. 250m의 장타와 1m의 퍼팅이 왜 같은 1타가 되지 않으면 안 되는 것일까. 퍼터의 종류는 왜 그렇게도 많은 것일까. 더우기 알지 못할 일은 왜 다른 타구처럼 이래야만 된다는 정해진 타법이 없는 것일까.

퍼팅에 관한 격언도 다른 타법에 비하면 너무나도 많다. 이미 소개한 '네버업, 네버인'(never up, never in)을 비롯해서 '퍼팅에는 타법도 폼도 없다' '퍼팅은 영감이다' 등등.

이토록 유독 퍼팅이 화제가 되는 것은 아마도 퍼팅은 가장 쉬우면서도 가장 어렵기 때문이리라. 뿐만 아니라 일반 타법이 이론적으로 뒷받침이 되어 있는 것에 반해 골프 게임에서 결정적으로 승패를 가름하는 퍼팅(지난 1월 미국의 보브 호프 크라이슬러 클래식 경기에서 마지막 라운드 18홀에서의 우승자 코리 페이븐의 퍼팅 같은)에 관해서는 많은 연구가 있으면서도 아직까지 결론을 내리지 못한 채 오늘에 이르고 있다. 그 이유는 퍼팅은 '힘'이 아니고 어디까지나 '감각'에 따르는 것이기 때문일 것이다. 그런데 이 '감각'은 끊임없는 연습을 통해서만 얻어지는 것이다. 물론 퍼팅 연습이란 어디서나 할 수 있는 잇점이 있는 반면 호쾌한 장타나 정교한 어프로치샷처럼 그 결과가 눈에 보이는 것이 아니기 때문에 단조롭고 지루하기 이를 데 없다. 이 역경을 극복하는 길은 재미로, 즐거운 마음으로 연습에 임하는 길밖에 없을 것이다. 하루에 단 5분이면 어떠랴.

스윙은 임팩트서 피니시까지가 중요

상식적으로는 골프 스윙의 결과는 피니시라고 알고 있다. 그것은 피니시가 스윙의 마지막 단계이기 때문이리라. 골프 교습서마다 어드레스나 테이크백의 방법, 톱스윙의 위치 등 등 여러 가지 항목으로 설명은 하면서도 피니시를 어떻게 해야 한다는 것에 대해서는 별로 말이 없다. 이런 결과가 피니시 없는 아마추어 골퍼의 탄생을 부채질하고 있는지도 모른다. 스윙을 배우려면 올바른 피니시부터 배워야 한다.

골퍼라면 누구나 공을 멀리 때리려는 욕심이 앞선다. 허술한 스윙을 하면서도 어쩌다 장타를 날리는 골퍼도 있다.

이것이 마치 자기의 실력인양 자기 자신을 과대평가하게 되고 이때부터 스윙은 꽃도 피기 전에 시들어 버리고 만다. 그래서 피니시가 완성되는 스윙을 할 수 있을 때까지는 공을 멀리 때리려고 해서는 안 된다. '세살 버릇 여든까지 간 다'고 하지 않았던가. 스윙은 처음에 잘못 배우면 평생을 고 생하게 된다. 명의(프로)가 가까이 있는데 왜 진단을 받지 않는지 모를 일이다.

골프 스윙은 다운스윙에서 임팩트까지 중요한 것이 아니 고 임팩트에서 피니시까지가 더욱 중요하다는 사실을 잊지 말자. 아무리 좋은 약이라도 먹지 않으면 병은 낫지 않는다 는 말을 되새겨 보자. 지금이 바로 특효약을 받아 먹을 좋 은 기회가 아니겠는가. '피니시까지가 스윙'이라는.

후   기

골프의 기술이 하루 아침에 이루어지는 것은 아니다. 그렇다고 아무리 노력해도 효과가 없을 정도로 어려운 것도 아니다.

하나의 타구를 위한 골프 이론은 수없이 많다. 그것은 마치 산에 오르는 길이 여러 갈래이듯, 모든 길이 로마로 통하듯, 어떤 타법으로든지 공은 반드시 홀컵 속으로 들어가게 마련이다. 다만 어느 길이 내가 오르기에 편리한 길이고 어떻게 하면 타수를 줄일 수 있느냐가 문제일 뿐이다.

골프란 아주 작은 요령 하나만이라도 내 것으로 만들면 몰라 보게 달라진다. 때로는 연습하는 과정에서 스스로 눈을 뜨게 되는 경우도 있을 것이고, 때로는 유명 프로 골퍼의 이론이나 지도로 효과적인 타법을 배울 수도 있을 것이다. 그러나 그 이론을 이해하고 그 지도를 '내 것'으로 받아들이기에는 우리의 힘이 이에 미치지 못한다.

그래서 어떻게 하면 '콜룸부스의 달걀' 같은 이론이나 요령을 이해하기 쉽게 알려서 초보자에게는 100의 벽을 깨는 요령과 지혜를, 중견 골퍼에게는 90의 험난한 길을 헤쳐나갈 용기와 슬기를, 80의 준령을 넘어 70의 정상에 도전하는 골퍼에게는 이에 상응하는 기술과 방법을 널리 알리고자 노력하고 있다.

나에게 골프 인생의 바른 길을 열어주고 오늘이 있기까지에는 우리나라 골프계에서 입은 은혜가 말할 수 없이 크다. 그래서 '골프에서 얻은 것을 골프로 돌려 주어야 한다'는 책임감을 느껴 빚을 갚는 심정으로 연재를 계속하고 있으며, 이 뜻을 펴기에 온갖 힘을 쏟고 있다.

더우기 이번 연재를 계획해 주고 모자라는 지식을 보태 주고 있는「스포츠 서울」편집국 여러분의 각별한 배려와 100만「스포츠 서울」독자들의 격려와 성원에 깊은 감사를 드린다.

여기에 수록한 몇 줄의 글이 여러분이 걸어가는 골프 인생에 조금이나마 이정표가 된다면 더 없는 기쁨이고 영광이겠다.

모든 골퍼가 홀인원의 꿈을 키울 수 있는 계기가 되기를 바라면서……

우 승 섭

우승섭골프특강 1
2005년 10월 19일 5쇄 발행

지은이   우 승 섭

1958 연세대학교 영문과 졸업
1969 신동교역(주) 대표이사
1971 수출포상 대통령 표창 수상
1976 우일양행(주) 대표이사
1989-1990 한국체육대학 강사
1986-1998 스포츠서울에 골프칼럼 연재(3,750회)
1990-1998 스포츠서울 논평위원
1990-1995 MBC 골프 해설위원
1996-1997 숙명여자대학교 강사
1998-1999 한국외국어대학교 강사
1992-현재 대한골프협회 경기위원
1998-현재 매경 TV (MBN) 비즈니스 골프 룰 해설
1998-현재 매일경제 및 매경 TV 자문위원
1999-현재 조선일보 뉴욕판 골프 칼럼 연재 중
2001-현재 SBS GOLF 채널 해설위원
2001-현재 SBS GOLF 채널 "마스터 골프 룰" 해설

골프 구력 : 45년
공인핸디캡 : 3
베스트스코어 : 68
클럽 챔피언 : 70년 관악CC. 71년 한양CC. 72년, 75년, 78년 안양CC.

저서 및 역서   NHK 골프
             타이거우즈
             우승섭골프특강 전5권 (명지사)
             수필 다수

발행처   명 지 사
대   표   최 병 문
전   화   02-2271-3117
팩   스   02-2264-9029
이메일   polybd@kornet.net
주   소   서울 중구 장충동 2가 190-5 폴리빌딩
등   록   1978년 6월 8일 (제5-28호)

가격 15,000원